Притяни Это

Притяни Это

Притяни Это

Инструкция по применению
Как сломать грань между желанием и реальностью

Тина П.Р.

Притяни Это

СОДЕРЖАНИЕ

Предисловие

Говорят, что между любовью и ненавистью очень зыбкая грань. Существует так же очень зыбкая грань между эго и самоуважением, удовольствием и болью, невниманием и безразличием и многим другим.

Точно так же существует очень тонкая грань между желанием и тем, что потенциально может быть вашей реальностью. Эта грань состоит из *Трёх* основных концепций.

Хотите узнать, что они из себя представляют? Продолжайте читать.

Несколько лет назад мне казалось, что я застряла на повторяющейся беговой дорожке своей повседневной жизни: просыпаюсь, иду на работу, чувствую усталость в конце дня и ложусь спать. Одно и то же каждый день. По выходным мне было скучно и казалось, что ждать впереди особо нечего.

Но что-то глубоко внутри меня говорило, что для меня в жизни есть нечто большее, что я не там, где должна быть в жизни, и что всё может быть по-другому. Я не знала, чего именно, и не представляла себе точно, чего я хочу или что мне следует делать по-другому, чтобы это произошло.

Прочитав много книг по самосовершенствованию, изучив как работает мозг, энергия и притяжение, прослушав лекции на эти темы, посмотрев интервью с авторами самопомощи, миллионерами, успешными бизнесменами и предпринимателями, исключительно из любопытства и личного интереса, я многое узнала и поняла о том, как устроена жизнь.

Не со всеми этими выкладками я соглашалась, не все из них действительно срабатывали для меня, когда я применяла их в своей жизни.

Исключительно для себя я села, сделала заметки и записала ключевые моменты, которые имели наибольший смысл и действительно сработали для меня. Я обобщила всю информацию, которая изменила мою жизнь, и продолжала добавлять новые моменты из моего собственного жизненного опыта после того, как я применила на практике основные критерии оценки самореализации.

Это во многом изменило мою жизнь. Всё к лучшему. Намного к лучшему.

Я убедилась в том, что мои мечты стали реально осуществляться.

Вскоре после выполнения этих шагов, я переехала в квартиру в 3 раза большую моей прежней, а затем и в двухэтажный дом, начала свой бизнес без единой рекламы, без бизнес-сайта или страниц в социальных сетях и удвоила свой доход, получила диплом в области, которой я интересовалась в течение многих лет, но у меня никогда не было смелости, денег или возможности изучить, я ездила в отпуски в течение года больше раз, чем когда-либо, путешествовала по миру, летала бизнес-классом, знакомилась с новыми и интересными людьми, встретила идеального для меня спутника жизни, и многое другое!

В моей жизни произошли существенные перемены, о которых я раньше и мечтать не могла.

Из слабовольной дочери матери-одиночки, живущей почти без денег, из застенчивого человека, чувствующего себя одиноким большую часть времени, не знающего, чего я жду от жизни и кем хочу стать, находящегося в унылых, удручающих и запутанных отношениях с окружающими людьми, проживая на доход ниже среднего в однокомнатной квартире, где вместо двери в ванной была хлипкая дверь-гармошка - я превратилась в общительного, уверенного в себе, счастливого человека. Я оказалась в здоровых и настоящих отношениях, в окружении позитивных и поддерживающих меня людей, без минуты скуки, с более высоким доходом, чем я когда-либо думала, с успешным бизнесом и растущим каналом на YouTube, путешествуя, строя планы на будущее и наслаждаясь повседневной жизнью!

Всё это продолжается и становится только лучше по мере того, как я продолжаю внедрять систему, которой собираюсь поделиться с вами в этой книге.

Я говорю вам это не для того, чтобы позлорадствовать или прославить свою жизнь, а для того, чтобы вы поняли, что метод, с которым я собираюсь вас познакомить в этой книге - Работает! И если простой человек, как я, смог с его помощью получить все эти вещи - значит, сможете и *вы*!

О, я не говорю, что у меня не бывает плохих дней. Они у меня определенно бывают. Это часть жизни, и это естественно. Но таких безуспешных дней у меня стало *гораздо* меньше. Я так же время от времени сталкиваюсь с некоторыми препятствиями, но я научилась преодолевать их быстрее и легче, и расти на них.

Зачем мне делиться этими секретами?

Во-первых, потому что в глубине души я всегда хотела написать книгу. Я написала рассказ, когда мне было двенадцать лет, о вымышленном детективе, после прочтения нескольких книг о Шерлоке Холмсе, которым я никогда ни с кем не делилась и в конце-концов выбросила. Затем, на протяжении многих лет, я вела несколько дневников, писала их в форме рассказов и каждую неделю читала их моей двоюродной сестре, которая в обмен читала мне свои собственные дневники. И по сей день я известна тем, что пишу длинные текстовые сообщения и подробно обо всём рассказываю.

Видите ли, это моя личная цель, в моём списке целей, которых я хотела достичь. Итак, это моя первая, личная причина.

Вторая причина состоит в том, что я люблю помогать людям. На протяжении многих лет я учила людей вещам, которые знаю (в основном, формам искусства). Возможность получать их признательность, а так же слышать истории о том, как это изменило их жизнь, или даже просто слышать, что они получают комплименты от других, потому что, наконец, научились от меня тому, как делать это правильно, заставляет меня чувствовать себя удовлетворенной и счастливой, так как я знаю, что помогла другим людям почувствовать себя красивыми, уверенными в себе или просто привлекательными.

Третья и основная причина заключается в том, что когда я читала и изучала эти принципы, я делилась некоторыми из них со своей мамой, внимательно и серьёзно воспринимавшей мои выкладки. Но у неё не было возможности полностью прочитать ни одну из книг, которые я читала, так как мы не смогли найти их на её родном языке. По этой причине я всегда хотела обобщить всё, что я прочитала и узнала, чтобы она смогла постичь действительно важные, изменяющие жизнь концепции, которые я изучила.

Наконец, поскольку у меня есть все эти заметки, которые делают мою жизнь намного лучше и проще, чем когда-либо, зачем мне держать их при себе? Если это помогло мне, я уверена, что это поможет и *вам*.

Я ни с кем не конкурирую. Я не пытаюсь жить лучше, чем кто-либо другой, и не придерживаю так называемой «формулы успеха и счастья», для себя. На самом деле, чем больше людей будет знать об этом, тем больше счастливых людей будет в моём окружении, а значит, тем счастливее будет моя собственная жизнь.

Я собираюсь поделиться с вами всеми ключевыми пунктами, которые я изложила для себя. Точки, которые логичны, имеют смысл и действительно позитивно *сработали* для меня. Я изучила, записала и обобщила всю эту информацию, чтобы *вам* не пришлось этого делать самим, тем самым сэкономив ваше время, усилия, деньги и ресурсы, и исключила все неуловимые или неясные моменты.

Эта книга короче, чем большинство книг по самопомощи. Причина в том, что я хотела создать *справочник*, который был бы прямым и точным, как можно более кратким, включая всю важную информацию, примеры, задачи и рекомендации, необходимые для достижения успеха, с короткими главами по каждой теме.

Если вы читаете эту книгу, потому что чувствуете себя растерянными в жизни, сбитыми с толку или неудовлетворенными, то я хочу вам *помочь*. Я тоже когда-то была в этом месте, и я больше не чувствую себя так.

Вы тоже не будете, когда закончите читать эту книгу.

Многие люди, которых я знаю, читали книги о самопомощи, успехе и «Законе Притяжения» и не обязательно отождествляли себя с ними. Некоторые говорили, что это слишком надуманно и нереалистично, другие говорили, что это слишком религиозно, сложно, расплывчато или что им было трудно понять это.

Я стараюсь писать простыми словами, которые *понятны* каждому и которым легко *следовать*. Я стараюсь говорить с вами с глазу на глаз, на знакомом языке, а так же давать вам задания, которые помогут составить план дальнейших действий, образом который будет удобен для всех.

Вы не только увидите, как притягивать вещи в свою жизнь силой своего *разума*, но и узнаете *практические* основы и секреты успеха, которые помогут вам построить реальный *план* достижения ваших целей, мечтаний и желаний.

Я собираюсь поделиться личными историями из моего собственного опыта, а так же историями других людей, чтобы ещё больше выразить принципы, о которых собираюсь говорить.

Ради конфиденциальности я буду использовать вымышленные имена в историях *реальных* людей. Уверяю вас - имена могут быть вымышленными, но истории - абсолютно реальны.

В последней главе, в качестве дополнительного бонуса, я поделюсь с вами советами о том, как сделать вашу жизнь счастливее в целом!

Если вы читаете это вступление и задаётесь вопросом, подходит ли вам эта книга, и не хотите «тратить своё время», позвольте мне облегчить вам задачу, предоставив список вопросов, которые следует задать себе, и если ответ на *любой* из них будет *«да»* - хотя бы на *один* из них - то эта книга действительно для вас:

- Есть ли у вас цели и желания, которые по вашему желанию стали бы реальностью, но не знаете, с чего начать, чтобы их осуществить?

- Есть ли у вас мечты, которые, по вашему мнению, невозможно осуществить?

- Слышали ли вы о «Законе притяжения» и хотели бы лучше понять, что это такое и как оно работает?

- Вас не полностью устраивает то, где вы находитесь в данный момент в жизни?

- Довольны ли вы тем, на какой стадии находитесь сейчас в жизни, хотя знаете, что может быть лучше?

- Чувствуете ли вы себя «застрявшими», «притормозившими» или «повторяющимися» в своей нынешней повседневной жизни?

Ответили ли вы «да» хотя бы на один из приведенных выше вопросов?

Если да, то вот вам ответ на вопрос, подходит ли вам эта книга.

Если вы никогда не слышали о «Законе Притяжения» — эта книга — единственная на эту тему, которую вам когда-либо придется прочитать, поскольку в ней собрано всё, что вам нужно знать, и даже больше.

Если вы хотите лучше понять, как работает сила притяжения — эта книга для вас.

Если вы слышали об этом, но вам трудно в это поверить или понять — эта книга для вас.

Если у вас есть цель/цели, которых вы хотите достичь, и не знаете, с чего начать — эта книга для вас.

Если вы хотите или вам нужно привлечь здоровье, богатство, любовь, успех или *любое* подобное — эта книга для вас.

Если вы просто хотите достичь определённых позитивных метаморфоз, жить счастливой жизнью в целом - вы уже догадались — эта книга для *вас*!

Никогда не бывает слишком поздно или слишком рано изучить эти принципы.

Эта версия «Притяни это», которая находится в ваших руках, является переработанным и обновлённым изданием. Вскоре после того, как я выпустила первую оригинальную книгу, я получила больше вдохновляющих историй и благодарностей, чем ожидала. Некоторые люди говорили мне, что это помогло им пережить трудные времена в жизни. Некоторые сказали мне, что после прочтения моей книги они, наконец, почувствовали вдохновение осуществить свою мечту. Другие сказали, что это просто подняло им настроение и дало идеи для позитивных изменений в жизни. Даже в жизни одного из самых близких мне людей произошло важное событие: примерно через две недели после того, как она начала читать мою книгу, не дочитав и половины, она получила назад значительную сумму денег от человека, который был ей должен уже почти год, (и это после того, как она беспокоила должника многочисленными звонками, текстовыми сообщениями и электронными письмами). После прочтения первых глав книги она была уверена, что получит причитающиеся деньги, и наконец, так и произошло.

Да, возможно это и *было* совпадение, но есть ли вам что терять? Во время или после прочтения этой книги в *вашей* жизни может также произойти что-то прекрасное.

Все эти воодушевляющие отклики и отзывы людей заставили меня ещё больше усовершенствовать оригинальную версию. Поэтому в этой версии, помимо исправлений и корректуры, я добавила очень интересную главу о деньгах, ещё одну о здоровье и болезнях и ещё две главы, которые, уверена, вам понравятся! Так что, если вы прочитали первую версию, в этой вас ждёт ещё много интересного! А если нет, вас ждёт позитивное приключение!

Я бы порекомендовала взять блокнот или телефон и отметить ключевые моменты, которые больше всего вас интересуют. Если у вас есть печатная копия этой книги, выделите страницы, которые вы хотите запомнить больше всего, и обязательно вернитесь и прочитайте их, когда почувствуете, что вам нужна дополнительная мотивация, напоминание или поощрение.

Да, и ещё кое-что, прежде чем мы начнём — я буду часто использовать слово «Цель». Важно иметь в виду, что, применяя это слово, оно вмещает в себя самые разные аспекты: от страстного желания, владеющего вашей душой, до реальной мечты, или простого «хочу». Сначала вам не нужно видеть или определять это как определенную цель. Позже в этой книге вы увидите и узнаете, как это сделать. Слово «цель» просто означает, что вы полны решимости и в конечном итоге собираетесь её достичь. Что оно не предназначено для того, чтобы оставаться картинкой в вашем сознании, а в конечном итоге стать планом, которому вы будете следовать, пока он не будет выполнен.

Надеюсь, эта книга не только направит вас к осуществлению вашей мечты, а затем заставит вас к ней вернуться, чтобы достичь гораздо большего, но так же прояснит ваш разум, дав возможность оценить собственную жизнь просветлённым взглядом, на пути к новому способу прожить свою лучшую, самую счастливую, самую полноценную жизнь!

Помните три концепций, о которых я говорила в начале? Я собираюсь рассказать вам, что они из себя представляют.

Ну что, поехали? Держитесь за свои сидения, потому что это будет очень весёлая и поучительная поездка!

Введение

Итак, на самом деле, *как* сломать грань между желанием и реальностью?

Возникает логичный вопрос: *существует* ли грань между ними вообще?

Не волнуйтесь, я не собираюсь заниматься философией. Я обещала вам простое руководство, написанное доступными словами, и сдержу своё обещание.

Для этого я собрала воедино все основы, которые собираюсь осветить в этой книге, и разделила их на три основных этапа, показанных в таблице ниже:

Как видите на изображении на предыдущей странице, есть три шага, чтобы осуществить ваши желания в жизнь:

Поставить цель. Верить. Действовать.

Есть люди, которые говорят о важности надежды, постановки целей, веры и мечтаний, но никогда не затрагивают тему того, как сосредоточиться и действовать. Есть много других людей, которые фокусируются на обучении постановки целей, принятию мер, лидерству и успеху, но никогда не затрагивают важность веры и визуализации. Истина состоит в том, что вам нужно создать баланс между этими двумя практиками, чтобы достичь поставленных целей. Недостаточно верить, однако просто никогда не действовать. Также бесполезно предпринимать действия, не поверив сначала в себя или в процессе притяжения и достижения целей. Эти практики идут рука об руку.

В этой книге я раскрою секреты самых успешных людей и проведу вас через каждый из этих шагов в мельчайших подробностях, чтобы вы могли не только *понять, как* это работает, но и легко следовать плану, чтобы проявить любые пожелания!

Вы будете получать *задания*, за которыми легко и, самое главное - *интересно* следовать. Я расскажу вам *истории*, которые докажут мою точку зрения, и поделюсь *секретами* того, как мыслить позитивно, просыпаться с чувством счастья и легко скользить по жизни.

Повторяю - я не говорю, что жизнь легка. Я не говорю, что вы будете счастливы на 100% в течение всей своей жизни. Но я *уверяю*, что представлю вашему вниманию некоторые новые способы мышления, планирования, действия и притяжения. И я могу обещать вам, что если вы будете следовать принципам, изложенным в этой книге, ваша жизнь *станет* намного проще, вы *станете* счастливее, и поймете, что нет предела вашему потенциалу и тому, чего вы можете достичь и притянуть в свою жизнь.

Название этой книги: «Притяни это». Возникает вопрос: можете ли вы действительно *притянуть* это? Эту вашу мечту, или мечты ваши? Можете ли вы буквально *притянуть* их в свою жизнь силой своего разума и намерения, просто сосредоточив внимание на них?

Вот здесь … ответ и «да», и «нет». Практически – можно. Но на самом деле — это формула, а не отдельное действие. Эта *формула* разделена на три основных этапа, образующих так называемое «*притяжение*». Если вы пропустите любой из этих шагов, вы всё равно сможете воплотить своё желание в реальность, но это может произойти не так быстро, точно, эффективно или великолепно, как если бы вы выполнили *все* три шага.

Давайте рассмотрим эти шаги о которых вы узнаете в содержании следующих глав книги:

Поставить цель

Сначала вы узнаете, как определить, что вы хотите.

Уже слышу возражения:: «Я знаю, чего хочу! Я не знаю, *как* это получить!»…

Позвольте вас немного шокировать, сказав следующее: вы может *думаете*, что знаете, чего хотите, но вы будете удивлены, узнав, что это не совсем то, чего вы *на самом деле* хотите.

Запутались?

Что ж, вам станет понятнее моя мысль, когда мы доберёмся до раскрытия данной темы.

Я обещаю, что вам станут понятны основы ваших собственных мечтаний и желаний.

Решив, или скорее - *обнаружив*, чего вы *действительно* хотите, вы установите *замысел*, который собираетесь осуществить, используя последующие шаги.

Верить

В этой части вы узнаете, как и почему вы должны верить.

Верить что это возможно. Верить в себя. Верить в процесс.

Я собираюсь говорить о самооценке и уверенности в себе, о мнении других людей, какую роль оно играет в *вашей* жизни, и насколько этого надо принимать во внимание, на чём и как сосредоточиться, а также дам некоторые проверенные и *испытанные* рекомендации, как осуществить то, чего вы действительно хотите.

Действовать

Возможно, это самый мощный шаг, который многие люди упускают из виду, пытаясь чего-то добиться, независимо от того, работают они с законом притяжения, или нет.

Легко сказать, правда?

«Действуй! Сделай это! Просто сделай!»

Нет.

Это не так просто.

Я не собираюсь приказывать вам «сделать что-то со своей мечтой». Я намерена *помочь* вам составить план, научить вас, как расширить свою зону комфорта, помочь вам понять, как преодолеть страх и препятствия, которые встречаются на вашем пути, и не дать им остановить вас на пути к вашей цели, чтобы наконец, получить то, что вы действительно хотите!

Обязательно не пропустите две самые информативные, поучительные и полезные главы этой книги: главу 6 «Быстрый способ притянуть свою мечту» и главу 35 «Мои секреты счастья»!

Итак, вы готовы?

Сядьте поудобнее, поставьте перед собой напиток, расслабьтесь, и давайте приступим к делу!

> *«Будьте несчастны. Или мотивируйте себя. Что бы ни случилось, выбор всегда за вами...»*
> *-Уэйн Дайер*

Часть 1 -
Поставь цель

Глава 1

Единая сила, которая движет всем

Пока вы сидите в своём кресле, или на диване, или на кровати, читая эти строки, вы вдыхаете и выдыхаете, даже не осознавая, что делаете это. Ваше сердце бьётся, и ваши органы работают. Вы не думаете об этом, не сосредотачиваетесь на этом и не работаете усердно, чтобы это происходило. Оно просто происходит само собой.

Другой факт заключается в том, что все ваши органы состоят из клеток, клетки состоят из молекул, молекулы из атомов, а эти атомы состоят из электронов, и под всем этим лежит самое ядро: Энергия.

Нет, это не урок биологии и анатомии, и не волнуйтесь, я не буду говорить много этих сложных слов в этой книге (я обещала). Я просто привожу научный факт - Вы состоите из *Энергии*. Это ваше ядро. Мы все так же.

Но вот ещё один странный факт - Стул, на котором вы сидите... Тоже энергия.

Поэтому, если вы посмотрите на свою руку под под правильным микроскопом, вы увидите массу вибрирующей энергии. И если вы посмотрите на свой стул под тем же микроскопом, вы так же увидите массу вибрирующей энергии.

А теперь пора мне перейти к сути: всё в этой вселенной является *энергией*.

Почему я говорю об этом? Потому что для того, чтобы понять, как это работает, как вы собираетесь привлечь свою машину, свою вторую половинку, дом своей мечты, свой идеальный вес, возможность трудоустройства или интересную поездку, о которой вы так мечтали, будет проще вам притянуть, если вы поймёте, как на самом деле это происходит, как вы сами влияете на реальные изменения в вашей судьбе.

Видите ли, нам, людям, наделённым разумом, легче разобраться в возникновении и действиях определённых явлений или предметов, если мы понимаем, как они делаются и как они работают. Разве вы не согласны?

Если вы приобрели новый блендер на кухню, а инструкции не было, я уверена, вы разберётесь как им пользоваться. Вы умны. Вы будете нажимать на какие-то кнопки, может быть, разберёте его на части, чтобы посмотреть, как он устроен… Но разве не было бы намного проще, если бы у вас был справочник или видео-инструкция? Таким образом, вы *поймёте* принцип работы механизма и, возможно, даже раскроете несколько скрытых функций, которые в другом случае вы бы упустили.

Чтобы лучше использовать силу притяжения и проявлять в жизни всё, что вы хотите, вы должны лучше понять фактический физический закон, стоящий за этим — и это Энергия.

Эйнштейн открыл кое-что захватывающее, изучая квантовую механику. Он обнаружил, что энергетическая активация частицы в одном месте, вызывает отклик в другой частице, где-то ещё, далеко от первоначальной. Потому что вся энергия связана. Это одна вибрирующая масса, помните?

Это означает, что мы с вами, в повседневной жизни, влияем друг на друга своими энергиями — потому что вы сделаны из энергии и я тоже. Ваша энергия влияет на меня, а моя — на вас.

Вот почему вы можете чувствовать себя опустошёнными, находясь рядом с определёнными людьми, у которых есть отрицательный энергетический заряд. Даже если вы изо всех сил стараетесь не слушать их жалобы, нарекания на невзгоды, а вместо этого просто киваете головой и говорите: «Да… Я знаю, да, да… это безумие…», стараетесь отвлечься от негатива, думая, что вам съесть на ужин, вы всё ещё можете чувствовать себя опустошенным в конце разговора. Это потому, что их негативная энергия повлияла на вас. Вы не можете не поймать её. И чем больше мыслей, внимания и участия вы уделяете этому, тем больше вы будете привлекать эту негативную энергию к *себе*.

Я не предлагаю вам игнорировать жалобы ваших друзей. Вы должны быть хорошим другом, супругом, мужем, женой, сестрой, братом и т.д. и всегда участливо выслушивать собеседника. Людям нравится, когда их слушают. Но вместо того, чтобы поддаваться влиянию их негатива, попытайтесь подменить *ихнею* энергию своей положительной! Если они рассказывают вам о серьёзной проблеме, попробуйте помочь им, придумать возможный *выход* из создавшейся ситуации, вместо того чтобы сосредотачиваться на том, насколько эта проблема неразрешима. Если их жалобы *не* слишком серьёзные, попробуйте отвлечь их, сменив тему разговора, на что-то, что было бы им приятно услышать и что могло бы поднять их настроение.

Система взаимного обмена энергией работает и наоборот: Случалось ли вам, будучи в плохом настроении, находиться, когда-нибудь рядом со счастливым позитивным человеком, когда вы были в плохом настроении? Может быть, вы только что поссорились со своим приятелем, а тут вам вместе предстоит пойти на дружескую встречу. И вдруг вы встречаете там человека, полного позитивной энергии, который моментально поднял вам настроение, просто сказав « Привееееет!»

Как он это сделал? Всё что только что произошло, это то что он просто искренне поприветствовал вас. Это его энергия в работе. Она была сильнее, чем ваша негативная энергия от предыдущей соры. И вы, бедующей человеком, естественно хотите быть в хорошем настроении, поэтому вы были открыты для принятия такой положительной энергии.

Но подумайте, что это значит для позитивного человека — это значит, что вокруг него нет никакого негатива. Потому что их энергетический уровень не позволяет принимать отрицательные эмоции! Насколько это было бы здорово?

Но погодите, разве это значит, что как только мы запрыгиваем в поезд положительной энергии, мы *непременно* должны быть положительными? Всегда? Это звучит неестественно и нереально.

Потому что эта положительная энергия будет в вас длиться только до тех пор, пока вы сами не *позволите* чему-то отрицательному разрушить её. Если вы видите, слышите или разговариваете с кем-то, у кого отрицательный уровень энергии выше, чем ваш положительный, возможно, вы будете слабы противостоять и позволите отрицательной энергии овладеть вами. И чем сильнее негативная энергия, тем сильнее она будет снижать ваш позитив.

Выходит, по сути, позитивный человек привлекает к себе менее негативных людей. А вот вы, находясь в негативной спирали (об этом мы ещё поговорим подробнее далее), можете привлечь к себе ещё больше негатива, увлекая за собой других людей, тем самым окружая себя ещё большим негативом.

Точно так же, если два человека оба наполнены негативной энергией и оба разговаривают, жалуются и сосредотачиваются на этом - у нас проблемы. Они будут фактически питаться негативом друг друга и тянуть друг друга ещё ниже.

Логично?

Теперь, когда мы более или менее понимаем, что такое энергия и как она работает, давайте посмотрим, как мы можем использовать её в своих интересах!

Глава 2

Как притянуть к себе людей, предметы и образ жизни, используя энергию

Как упоминалось в предыдущей главе, всё есть энергия. Энергия находится в нас. Мы излучаем энергию. Чем больше энергии, тем больше она притягивает к себе.

Энергия притягивает подобную энергию, как объяснялось примерами в предыдущей главе. Это означает, что вы можете *соединять* свою энергию с другими, и наоборот.

Вы не можете изменить людей. Вы можете попросить их измениться, но это их дело, хотят они работать в нужном направлении или нет.

НО - что вы *можете* сделать, так это помочь их энергий соответствовать вашей, или даже *изменить* их энергию с помощью вашей! Я говорю не только об изменении настроения — конечно, вы можете попытаться сделать кого-то счастливым, если вы счастливы, а они нет. Но вы так же можете изменить их мысли и чувства по поводу определённых вещей только с помощью вашей энергии, которую вы выражаете словами, мимикой и общей вибрацией.

Вспомните момент, когда вам действительно хотелось куда-то пойти или что-то сделать, и друг или член семьи позвонил и спросил, не хотите ли вы присоединиться к ним, сделать именно то, что вы хотели. Вы, наверное, ответили что-то вроде «Не поверишь! Клянусь, я ТОЛЬКО что об этом думал!»

Этот друг будучи на том же энергетическом уровне, что и вы, уловил вашу энергию издалека, как в эксперименте Эйнштейна, потому что энергия притягивает подобную энергию.

Поэтому, когда вы думаете о чём-то, достаточно сильно и достаточно долго, люди вокруг вас подхватывают эту энергию и могут думать о том же или о чём-то подобном. Не потому, что они умеют читать ваши мысли, а потому, что уровень вашей энергии отражается в вашем настроении, чувствах и даже действиях. И если их энергия, мысли или чувства будут ей подобны - они будут соответствовать вашей частоте, и вы будете притягиваться друг к другу.

Это напоминает мне, как только на прошлой неделе, я ложилась спать с сильным желанием провести выходные на пляже. Погода становилась всё теплее, и я чувствовала, что и я, и мой муж, тяжело работали в последние несколько месяцев, и пришло время уделить времени себе и немного отдохнуть. С этим чувством я легла спать, а на следующий день, весь день крепко думала об этом. В тот же вечер, когда мы сели ужинать и смотреть фильм, ни с того ни с сего, мой муж повернулся ко мне и сказал: «Я думаю, нам пора взять отпуск, может быть, на пляж… Что скажешь?»

Когда вы обдумываете определенную мысль, связанную с сильным чувством, особенно если это длительная мысль, а не просто сиюминутная, одноразовая, вы активизируете мозговые волны, которые на самом деле можно измерить с помощью правильного оборудования. Это так! Мозговые волны, которые вы посылаете, можно реально *измерить*! И вы активизируете их, используя свои мысли и чувства. Чем они сильнее, тем мощнее и больше мозговые волны.

Спросите себя: сколько раз вы говорили слова «Каковы шансы?» Что ж, позвольте мне сказать вам кое-что - шансы, вероятно, невелики. На самом деле мало что в этой жизни является случайностью. Вы притягиваете вещи, и вещи притягиваются к вам (говоря «вещи», я имею в виду материальные вещи, люди, события и обстоятельства), и всё это происходит через уровень энергии, который вы излучаете.

К сожалению, это работает и в обратную сторону.

Большинство людей, ежедневно, сами того не осознавая, окружают себя большим количеством негатива и тем самым притягивают к себе подобную отрицательную энергию на «автопилоте». Источником может быть что угодно, например, новости, статьи, коллеги, сплетни, социальные сети и даже музыка.

Позвольте мне объяснить, дав вам небольшую викторину.

Попробуем ответить на следующие вопросы:

- Сколько раз вы слышали хорошие новости на новостном канале? Сколько раз вы читали положительные новости на новостном сайте, который посещаете? Может быть, есть хорошие новости, но сколько их по сравнению с плохими вестями?

- О чём в основном говорят люди на вашей работе? Это счастливые, позитивные, веселые темы или жалобы, зависть, сплетни и злобная политика?

- Сколько забавных и радостных роликов и сообщений появляется на вашей домашней странице в социальных сетях? А сколько плохих новостей и сплетен?

- Каковы слова в песнях, которые вы слушаете? Являются они положительными или отрицательными? Что они пробуждают в вас - подъём или депрессию?

Если вы ответили «Хорошие» на большинство из этих вопросов — поздравляю — ваша повседневная жизнь, вероятно, в основном положительна! Продолжайте в том же духе!!

Если вы ответили отрицательно на большинство из этих вопросов (как основная масса людей), то вам нужно уделять больше внимания тому, что вас окружает каждый день. И, возможно, вам придётся кое-что немного изменить, чтобы создать более позитивную атмосферу. (Мы собираемся научиться этому в процессе постижения материалов этой книги!)

Люди любят называть прошлое «Упрощёнными, лёгкими временами». Вы когда-нибудь слышали этот термин?

Называют так, потому что технологий было не так много, всё *казалось* проще, да и люди, мол, были позитивнее.

Как вы думаете, почему?

Не так уж много времени прошло с тех пор, когда у нас не было ни телевидения, ни радио, не говоря уже о социальных сетях. Единственные сведения, которые знали люди, были сообщения их соседей и местные сплетни. У нас не было столько ресурсов, сколько сегодня, и мы не *знали* так много, как знаем сегодня. А что чаще всего показывают и о чём чаще всего говорят в новостях и социальных сетях? Сплетни, пересуды, плохие новости, критика и в основном то, что нас удручает, даже злит. Почему? Потому что гнев — это очень сильное *чувство*, которое можно привлечь от кого-то. А когда вы испытываете сильное чувство от кого-то, вы привлекаете его внимание. И чаще всего - они хотят *больше* того же.

Но затем мы обнаруживаем, что читаем, говорим и сосредотачиваемся на тех вещах, которые видим, читаем и слышим чаще всего. И чем больше мы на них сосредотачиваемся, тем больше *энергии* течет к ним, делая их сильнее. Таким образом, мы их же видим и слышим *ещё* больше.

В наши дни, это даже не просто энергия —
существуют крупные
компании, которые разрабатывают технологии,
используя «Кукиз» ("Cookies" — это небольшие
текстовые файлы, в которых хранится информация о
наших предыдущих действиях на сайтах), чтобы
предоставить нам *больше* вещей, которых мы ищем и
обсуждаем вслух, держа нас в петле негатива и
сплетен.

Это работает одинаково для мелких вещей, таких как
счета, очереди, надоедливые клиенты - так и для более
крупных понятий, таких как война, политика,
терроризм и т.д.

Чем больше вы читаете, говорите, обсуждаете,
исследуете и сосредотачиваетесь на чём-то, тем больше
вашей энергии будет направлено на это, тем более
мощной она становится, и тем больше вы её
испытываете.

Это напоминает мне время, когда я сама больше всего
ощущала эту невероятную силу, причём настолько
сильно, что, вероятно, никогда не забуду:

Я жила в высотном доме, в районе со множеством
подобных зданий. Они находились очень близко друг
к другу, откуда можно было легко и отчетливо
слышать соседей, если они были на своём балконе, а
ваше окно было открыто.

В одном из этих домов, через дорогу от моего, на этаже
всего на один-два уровня ниже моего, жила пара с
собакой. Собаку оставляли на балконе при закрытой
балконной двери на весь рабочий день - каждый день.
Собака лаяла. О, как громко и навязчиво она лаяла!
Об одном воспоминании об этом у меня снова

начинает болеть голова. Хозяев собаки не было дома большую часть дня, а я была дома весь день, так как работала из дома, поэтому всё время слышала непрекращающийся лай. Вы могли бы подумать, что в конце-концов пёс сдастся, устанет, привыкнет находиться на балконе или уснёт.

Я тоже так думала. Но нет.

Он был очень настырный, лаял на дверь, хотел попасть внутрь, временами переключался, на людей, выгуливающих своих собак, на улице.

Мне было жаль собаку, предполагая, что она испытывает стресс и боится разлуки или просто не хочет, чтобы её оставляли на балконе одну. Мне было жаль всех окружающих соседей, у которых могут быть маленькие дети, которые спят после обеда. Но больше всего, должна признаться, мне было жалко саму себя. Я не могла ни сосредоточиться на работе, ни заснуть. Временами собака выходила на балкон, даже поздно ночью, продолжая лаять (предполагаю, что хозяева приходили домой поздно и снова выпускали пса на балкон, потому что днём её некому было выгуливать), Это было невыносимо! - Иногда он лаял всю ночь напролёт.

Что только я ни пробовала делать! Я звонила в полицию, там ответили, что не занимаются такими ситуациями. Я трижды обращалась в отдел общественных жалоб горисполкома, где дело передавалось от одного служащего другому. А ответ был один: они приходили к тем соседям несколько раз, но их никогда не было дома - и поэтому они ничего не могли с этим поделать. Однажды, эту семью всё-таки застали дома, предупредив их о проблеме, о жалобах жильцов на бесконечный лай их собаки, а когда это не прекратилось - их оштрафовали. Больше ничего сделать невозможно - сказали в муниципалитете. Я даже обратилась в зоо-защиту, которая направила к ним в квартиру уполномоченного ветеринара, сделавшего заключение, что жестокого обращения с животными не имеет место, поэтому у них связаны руки.

Неприятности продолжались больше года.

Поверьте, я не преувеличиваю, не утрирую. Единственное, что мне оставалось делать, это носить наушники во время работы, смотреть телевизор по вечерам в наушниках, постоянно держать окна закрытыми, надевать беруши на ночь и жаловаться об этом всем, кого знаю. Я даже собиралась покупать шумоподавляющие шторы.

Поскольку я жила одна, я чувствовала, что никто не понимает, насколько это мучительно надоедливо. А некоторые соседи сказали, что не понимают о чём я говорю, когда их спросила, слышат ли они это тоже.

Я жаловалась и говорила об этом так много, что однажды мой любимый, с которым в то время я была в отношениях на расстоянии, заметил, что он расстроен, слушая мои жалобы на эту тему, так как это влияет на моё настроение, и это единственное, что меня сейчас заботит.

По началу я обиделась такой комментарий. «Легко тебе говорить, — подумала я, — ты не должен с этой проблемой справляться, и не знаешь, как это мучительно!». Но чем больше я думала об этом, тем больше понимала, что оно действительно слишком сильно влияет на мою жизнь и что странно что других соседей это, похоже, не беспокоит.

Наблюдая это, я осознала, что делаю именно то, чему сейчас учу вас *не* делать, — сосредоточиваю всё своё внимание и энергию на том, чего *не* хочу, — на беспокойстве, шуме, раздражении. Если хочу, чтобы оно *исчезло* из моей жизни - я должна перестать сосредотачиваться на этом и перенаправить свою энергию куда-то в другое русло. И с этого момента я приняла решение попытаться сосредоточиться на чём-то противоположном.

Я стала наслаждаться каждым моментом тишины, в полной мере. Перед сном, я слушала расслабляющие звуки тропических лесов в наушниках, перестала говорить об этом всем, или даже как-либо упоминать, меняя тему, если кто-то спрашивал меня об этом, пыталась сосредоточиться на других положительных вещах - как подготовка к моему следующему визиту к моему парню, и по-настоящему старалась игнорировать лай, насколько могла, убеждая себя в том, что его даже нет, как будто я просто решила послушать музыку в наушниках, занимаясь своими повседневными делами.

Но всё равно было очень тяжело перенастроить своё сознание. Вот я и задумалась, как могу совершенно не думать, не заморачиваться этим и сфокусировать своё внимание на чём-то другом настолько, чтобы совсем забыть об этой проблеме и больше не замечать? Ответ, который пришел мне на ум, заключался в том, что мне нужно на какое-то время от этого лая отлучиться. Потому что трудно игнорировать и не думать об этом, когда оно постоянно есть, и на столько громко, что мой слух почти автоматически «ищет» его, на заднем плане, даже когда его нет.

И тут я вспомнила, что у меня плановый рейс в США, в ближайшие несколько недель. «*Это* мой шанс!» подумала я: «Это будут десять дней *без* лая собаки!»

Примерно через неделю после того, как я вернулась домой со своей поездки, (где я не думала, не говорила, не сосредотачивалась и не упоминала лающую собаку), когда выгуливала свою собственную собаку на улице, в парке - меня внезапно осенило. "Минуту. А как же лающая собака?? Я не слышала её с тех пор, как вернулась из поездки! Вау, я совсем забыла об этом. Я что, просто перестала её слышать?!" Когда я подняла голову, чтобы посмотреть на тот балкон, я заметила, что он был пуст от всей мебели, которая была там раньше, а с перил свисала большая белая вывеска с надписью «Сдаётся» большими красными буквами. Через несколько минут, я поймала себя на том, что всё ещё стою там, с отвисшей челюстью, и недоверчиво всё смотрю на эту вывеску…

«Не могу поверить, — подумала я про себя, — Сработало!».

Сегодня я просыпаюсь под пение птиц и наслаждаюсь расслабляющими прогулками со своей собакой в тихом районе, в котором живу.

Я знаю, что кто-то, кто читает это, если не вы, может спросить, не подразумеваю ли я, что заставила ту семью с собакой переехать силой своих мыслей. Ну, можно было бы и так сказать, но нет, не совсем так. Случилось так, что они, вероятно, искали новое жительства, может быть, дом где есть двор для собаки. А мне очень хотелось перестать слышать собачий лай. Мы оба излучали достаточно сильную энергию, которая была на одной вибрации и соответствовала друг другу. Это создало объединённое, ещё более сильное энергетическое поле, которое принесло желаемый результат нам обоим. Они хотели уйти, а я хотела, чтобы лай прекратился. Видите ли, это один и тот же результат. И когда мы сосредоточились на этом — они на поиске дома, а я на тишине и покое — это создало сильную, совпадающую энергетическую вибрацию, и решение, которое соответствовало обоим - представилось.

Если бы я не изменила свою точку зрения и продолжала бы сосредотачиваться на своих жалобах, то либо новая семья, с другой лающей собакой, переехала бы вместо них, либо я нашла бы что-то другое, иное, которое бы раздражало меня так же, потому что это то, на чём я была сосредоточена. С другой стороны, если бы я остановила в себе негатив, мешающий моей нормальной жизни, и поступила именно так, как сделала, сместив своё внимание и уехав на десять дней, но *они* бы не искали возможность съехать - тогда они либо нашли бы собаковода и начали держать собаку внутри, либо отдали бы собаку, иначе я бы просто перестала бы её слышать. В любом случае, мы бы получили то, на чём были *сосредоточены*.

Кто-то может сказать, что это было просто совпадение. Но когда вы начнёте применять приёмы, которым я вас учу на страницах этой книги, и по мере того, насколько внимательно вы это делаете, вы начнёте получать всё больше и больше таких «совпадений», становится всё труднее называть их так, потому что вы начинаете видеть закономерность. И постепенно становится понятно, что это *система*.

Теперь вы начинаете видеть, как всё, что вас окружает, влияет на вашу жизнь и создаёт ваши обстоятельства, и, изменив своё внимание, вы можете изменить уровень своей энергии и, таким образом, *притянуть* лучшие обстоятельства.

Позвольте мне поделиться *ещё* одной историей на тему постановки намерения:

Майкл работал на двух работах. Четыре часа утром и четыре часа днём. Он зарабатывал ровно столько, сколько ему было нужно, чтобы безбедно прожить до конца месяца.

Однажды менеджер на его утренней работе, вызвал его к себе в офис. Менеджер извинился и сказал, что, хотя то, как работает Майкл, его вполне устраивает, но всё же придётся его уволить, так как в компании насчитывается больше работников, чем они могут позволить себе нанять в настоящее время, и среди них Майкл является менее опытным в этой области.

Майкл не обиделся и решил сохранить только свою работу во второй половине дня, так как это была должность, основанная на его профессии.

Прошли годы, и определённые сложности и обстоятельства заставляли Майкла получать всё меньше часов на своей, теперь единственной, работе. Он не получал повышения, так как за эти годы сменилось несколько менеджеров, и в итоге он зарабатывал меньше, чем его ежемесячные счета. Он понял, что у него нет выбора, кроме как искать дополнительную, утреннюю работу или работу на полный день, отказавшись от своей текущей должности.

«Было бы так здорово найти работу, подобную той, на которой я работал по утрам», — подумал он. Он не хотел бросать свою сегодняшнюю работу, на которой проработал 20 лет, но ему так же было очень трудно найти должность, достаточно близкую к другой работе, где нанимают всего на четыре часа, чтобы вовремя успевать на свою послеобеденную работу.

Пока он всё равно искал, он всё думал и говорил о том, что хочет что-то похожее на то, что у него было раньше.

Прошли месяцы, а результата нет. Он начал всё больше и больше понимать, что это, вероятно, будет невозможно, и ему придётся бросить свою нынешнюю должность, чтобы найти работу на полную ставку. Однажды, совершенно неожиданно, ему позвонили. Это был его предыдущий менеджер, с утренней должности. «Мне очень жаль беспокоить вас, — заявил менеджер, — но мы ищем помощи здесь… И мне было интересно, не согласитесь ли вы снова вернуться к своей старой работе? Те же часы».

Мало того, что Майкл получил именно то, что хотел, но на этот раз ему были предоставлены новые, более удобные условия на этом рабочем месте, что сделало его положение ещё проще, чем было раньше.

Это и есть сила установки намерения и поддержания поставленной цели.

Прежде чем мы перейдём к фактическим этапам постановки целей, составления плана и прочих полезных вещей, позвольте обратить ваше внимание на ещё одну интересную вещь об энергии: она влияет не только на ваше окружение, но и на ваше физическое состояние.

Японский доктор Масару Эмото, заметил закономерность, что слова влияют на воду.

Понимаю, звучит нелепо. Возможно, вы даже слышали об этом раньше. Спойлер — я тоже не особо в это верю… Скажу вам через минуту, во что я *действительно* верю.

Доктор Эмото провёл исследование в 1994 году, в ходе которого образцы воды в течение определённого периода времени подвергались воздействию различных слов. Одни слова были отрицательными, другие положительными.

И - удивительно! - Вот что он обнаружил: частицы воды, на которые воздействовали позитивными словами (такими как «Я люблю тебя» и «Спасибо»), застывали в прекрасно сбалансированной, ровной форме с мягкими краями и симметрией. В то время, как структура воды, подвергшаяся *негативным* фразам (таким как «Я тебя ненавижу» и «Ты мне противен»), застывала в структуре жёсткой, неровной, грязной и грубой формы, без различимого рисунка.

Во что верю *я*? Что вода не слышит слов. Что я знаю точно, так это то, что частицы воды содержат *энергию*. Так же, как и всё остальное. И как вы видели, энергия реагирует на энергию.

Когда доктор Эмото воздействовал на воду этими словами, они были произнесены с координирующей *энергией*, переданной воде и подхваченной содержащейся в ней энергией, что и повлияло на получившуюся форму.

А теперь вот вам мысль, которой я закончу эту тему: Известно, что человеческие тела состоят на 55-75% из воды. Если одна-единственная фраза повлияла на воду таким образом, подумайте о том, что происходит в вашем теле, когда вы говорите, думаете, чувствуете и фокусируетесь на положительном или отрицательном.

Теперь, когда у вас есть общее представление о том, как работает эта сила, давайте закончим этот урок физики и перейдём к более забавным творениям!

Глава 3

Вы уверены, что эта ваша цель?

> *«После определённого момента деньги теряют смысл. Они перестают быть целью. То, что имеет значение, это - Игра».*
> *- Аристотель Онассис*

Откуда вы знаете, что ваша мечта, цель или желание *действительно* то, чего вы *хотите*?

Возможно, вы ответили на этот вопрос словами «Потому что это меня возбуждает», «Потому что я знаю, что это сделает меня счастливым» или «Что это за вопрос?? Потому что я этого хочу!»

Причина, по которой я спрашиваю об этом, заключается в том, что многие люди *думают*, что хотят чего-то, только чтобы обнаружить, что это не сделало их такими счастливыми, как они думали, когда они это получили.

Возможно, вы знаете человека, который хотел похудеть, и когда он это сделал, он всё ещё был в такой же депрессии, как и раньше, и быстро набрал весь потерянный вес. Или, может быть, вы слышали о людях, которые гонялись за деньгами и выиграли в лотерею, но в итоге всё потеряли и снова влезли в долги.

А я говорю - зачем тратить своё драгоценное время, пытаясь достичь цели, которая может быть даже не тем, чего вы на самом деле хотите?

Хорошо, теперь я почти уверена, что это то, о чём вы думаете: «Почему ты предполагаешь что *я* не знаю, чего сам хочу?? Конечно же оно меня порадует! Иначе я бы не хотел этого так сильно!»

Что ж, так думал и человек с избыточным весом, прежде чем похудеть и обнаружить, что он всё ещё несчастен.

Как мы уже обсуждали ранее, первый шаг в формуле треугольника притяжения — установка. Вы должны установить намерение, в каком направлении вы хотите, чтобы ваша энергия текла, чтобы воздействовать и притянуть ваш замысел.

Итак, как *узнать*, чего вы действительно хотите? Вот в этом и заключается реальный вопрос!

Чтобы узнать это, я дам вам небольшое забавное задание, которое поможет вам обнаружить свое *истинное* желание.

Возьмите лист бумаги или блокнот.

Запишите свою мечту (или то, что вы в настоящее время *считаете* своей мечтой). Затем, разбейте её и напишите, как это повлияет на вас в каждом аспекте. Запишите пункты, отвечающие на следующие вопросы:

- Как это заставило бы вас *чувствовать*?

- Что изменится в вашей жизни, когда вы достигнете этой цели? (Обратитесь ко всем областям, которые могут быть затронуты. Подумайте, как это повлияет на вашу работу, карьеру, здоровье, социальную жизнь и т.д.)

- *Вели* ли бы вы себя по-другому, достигнув этого?

- Будут ли окружающие относиться к вам по-другому?

- Как бы это сделало вашу жизнь проще или лучше, чем сейчас?

Записали?

А теперь посмотрите на свой список и внимательно проверьте свои ответы. Посмотрите, какие ответы выделяются для вас больше всего, вызывают у вас *искренний* восторг и желание достичь вашей цели ещё быстрее?

Эти пункты, которые вы записали, эти *ощущения*, то, как оно облегчит и улучшит вашу жизнь — *это* и есть ваша истинная цель.

Позвольте мне объяснить.

Допустим, вы думали, что ваша цель — деньги. Если ваша истинная, конечная цель — деньги как таковые, то не имеет значения, перестанет ли завтра человечество использовать деньги в качестве валюты. Вы всё равно были бы счастливы, имея деньги, хотя это было бы бесполезно. Верно? Вы бы сидели в ванне, наполненной наличными, нюхали их и смеялись от радости.

Но на самом деле это не ваша цель, да и никого в сущности… Это было бы немного глупо, согласитесь?

Людям нужны деньги, *чтобы* иметь больше власти, более высокий статус, уважение со стороны, покупать вещи, которые они хотят, отойти от работы, проводить больше времени с семьёй, отправиться в долгий отпуск, позволить себе всё, что душа пожелает… Вы поняли о чём я.

Основная истинная цель желания денег — это одно или несколько из вышеперечисленных пунктов или что-то ещё, чего я не упомянула. Деньги — это всего лишь *способ* для их получения. Не деньги сделают человека счастливым, а финансовая свобода.

Давайте рассмотрим другой пример: люди, которые ставят своей целью похудеть.

Что происходит, когда они худеют? Они становятся здоровее, обретают уверенность в себе, возможно, они получают внимание от другого человека, в которого были влюблены, возможно, получают работу своей мечты — стать моделью.

Но что, если это не так? Что, если они похудеют только для того, чтобы узнать, что проблема со здоровьем связана не с их ожирением, а с другим источником? Что если они не привлекут внимание человека, который их интересовал, потому что этому человеку просто не нравится их личность? Они остаются там, где они есть, и не обретают уверенности в себе (многие люди так себя чувствуют, кстати, после похудения), потому что уверенность в себе исходит *изнутри*.

Достигли ли они своей цели в этом случае?

Некоторые скажут, да - хотели похудеть, и похудели.

Но действительно ли это достижение цели, если вы не чувствуете себя лучше чем прежде?

Какова основная цель в таком случае?

Чувствовать себя привлекательным, быть здоровым, завести больше друзей, найти любовь, получить работу, обрести уверенность в себе, привлечь больше внимания людей, ощутить облегчение в движении — всё это скрытые цели похудения.

Почему важно знать свою *истинную* цель? Потому что цель, которая, как вы думаете, у вас есть - может быть просто *способом, инструментом,* для получения того, чего вы *действительно* желаете. А чего мы все искренне желаем - это счастья. Мы хотим быть счастливыми. Мы хотим чувствовать себя хорошо! Такова человеческая природа. А когда хочешь чего-то добиться - нужно на этом сосредоточиться, направить свою энергию на это. В противном случае вы можете привлечь только способ, а не конечный результат, к которому вы действительно стремитесь.

Ну разве это не главное? Открыть *путь* к своему желанию?

Мы собираемся поговорить об этом подробнее в следующих главах. Но давайте скажем напрямоту: способ, которым вы *думаете,* добраться туда, где вы хотите быть, может быть не самым лучшим, коротким или эффективным путём.

Следовательно, когда вы фокусируетесь, например, на деньгах, как на основной цели, вы возможно не знаете, как с ними обращаться (вероятно, по этой причине, у вас их и не было изначально). Поэтому, когда вы используете основные принципы, которые я собираюсь изложить в этой книге, и вы *действительно* привлечёте их в свою жизнь — очень вероятно, что вы их потеряете и вернётесь туда, где были.

Вместо этого, сосредоточьтесь на том, чего вы *на самом деле* хотите: уйти с работы, поехать в отпуск, роскошная общественная жизнь, которую вы желаете, позволить себе делать покупки, которые вы хотите… Заполните пропуск. И вы вполне можете притянуть всё это к себе другим способом. Или, если вы притяните деньги для достижения этих *истинных* целей - вы сможете удержать их, гораздо лучше, чем если бы вы сосредоточились на самих деньгах в целом.

В следующих главах я также объясню, почему важно иметь чёткую цель, а не расплывчатую, а деньги — лишь один из примеров *расплывчатой* цели.

За исключением того случая, если вы действительно хотите купаться в деньгах и смеяться. В таком случай - сделайте *это* своей целью. Не осуждаю. (Подмигиваю…)

P.S. Не волнуйтесь, если вы всё ещё хотите услышать о способах притягивания денег, я вас поняла. Мы это тоже обсудим, чуть позже!

Глава 4

<u>Стремитесь выше</u>

> «Самая большая опасность для большинства из нас не в том,
> что наша цель слишком высока и мы её упускаем,
> но что она слишком низка, и мы её достигаем».
> -Микеланджело

Больше. Лучше. Быстрее. Выше.

Теперь, когда вы знаете, какова ваша *истинная* цель - стремитесь к большему.

Вы предполагаете, что думали масштабно? Думайте *масштабнее*.

Вы думаете, было бы хорошо иметь желаемое? Что было бы *ещё лучше*?

Хотите получить это к следующему Новому году? Почему не *раньше*?

Думаете, ты высоко целитесь? Цельтесь *выше*.

Почему? Потому что почему бы и нет? В мире более чем достаточно всего. Когда люди ставят цели, они часто начинают чувствовать себя жадными или будто отнимают у других. А это неверно. Пока вы не желаете другим людям зла и если вы не жаждете того, что есть у других (вы определенно можете получить что-то *вроде* того, что есть у них, но не то, что принадлежит *им*), то это не жадность. В мире циркулирует большой процент денег, которые на самом деле не находятся ни в чьих руках, и печатаются ещё больше. Каждую минуту производится больше автомобилей и новых потенциальных клиентов. Этого более чем достаточно. Вы *не* жадничаете, ставя цели для достижения больших успехов. На самом деле, вы должны стремиться даже *выше* своих желаний.

Почему? Потому что, если у вас есть небольшая цель, она не вызовет в вас достаточно эмоций, способных создать достаточно сильную энергию, чтобы притянуть этого к вам.

Достаточно сильная эмоция, способная генерировать в вас энергию, которая будет не только притягивать подобную энергию, но и достаточно *мотивировать* вас, чтобы на самом деле преследовать это, — это чувства *азарта* и немного *страха*. Позитивного страха. Страх, который заставит вас подумать: «О Боже! Как я вообще этого достигну? Маленький *я*??»

Подумайте об этом - у кого больше силы? - у цели, которая заставляет вас думать: «Круто, наверное, я смогу это сделать, будет приятно достичь». - или - «О боже! я не могу поверить, что на самом деле иду на это! Я действительно могу это сделать?? Если бы у меня получилось, это было бы просто *потрясающе*!! Не могу дождаться начала моего проекта!»

Вы чувствуете мою мысль?

Но. Важно не привязываться абсолютно к тому, чего вы собираетесь достичь. Для вас может быть что-то ещё лучшее, и если вы чувствуете себя слишком привязанным, вы можете упустить *лучшие* возможности.

Если вы не представляете себе более высокого уровня вашего желания, или не можете придумать лучший, более крупный вариант того, что вы хотите, просто скажите себе: «Что-то, что заставит меня чувствовать себя *так*, или даже *лучше*». Потому что, в итоге, мы хотим определенных вещей, основываясь на том, как они заставляют нас *чувствовать*. А возможно, для вас есть что-то ещё лучшее, но у вас просто пока не было возможности испытать эту опцию, и, соответственно, вы даже не знаете, что оно у вас может вызвать такие ощущения. Вполне может быть, что вы никогда раньше не ощущали такого чувства, поэтому вы даже не знали, что это даже возможно для вас.

Человеческий разум ограничен только тем, что мы знаем. Мы не всегда видим общую картину или осознаем все возможности.

Когда вы ставите перед собой большую цель, обязательно заявите о ней своему подсознанию (и Вселенной, так скажем) с громким и ясным намерением. Будьте прямолинейны и уверены в своей цели. Чем более неясно или неуверенно вы относитесь к этому, тем труднее вам будет достичь поставленной перед собой задачи. Если вы сомневаетесь в своей цели, не уверены или не имеете чёткого намерения, тогда ваш разум будет продолжать создавать ещё больше сомнений и отвлекающих факторов, которые будут сбивать вас с пути.

Когда я впервые навестила своего парня (который теперь мой муж), живущего на значительном расстоянии от меня , я смотрела в окно машины, пока мы ехали по городу. Как графический дизайнер, я обращала внимание на все знаки и рекламные щиты вдоль дороги, думая, как всегда, о том, как бы я сделала их по-другому или что мне в них понравилось. И тут я увидела большой знак в форме Футболки полиграфической компании. «Если когда-то я перееду сюда, — заявила я, — эта компания станет моим клиентом!»

Не знаю, что заставило меня заявить об этом вслух, но я была абсолютно уверена, что так и будет. Даже после того, как я услышала в ответ, что эта компания — одна из крупнейших и самых известных типографий в этом районе, я решила: «Тем более, раз так! Сейчас я работаю с лучшими крупнейшими полиграфическими компаниями в своём городе! Так почему здесь должно быть иначе?»

Когда я объявила эту цель, я почувствовала уверенность. Я знала, что это непременно произойдёт.

Позже, когда я переехала в этот город и разослала электронные письма потенциальным местным клиентам, эта компания первой ответила и в итоге стала моим самым первым клиентом в новом городе, в который я переехала.

Ещё одна причина мыслить масштабно, как я люблю говорить: цельтесь в звёзды, и вы, может, попадёте в луну.

Если вы целитесь близко и безопасно — подобно облаку (метафорически говоря), вы попытаетесь добраться до облака, может промахнётесь, а может попадёте в него. Но это приблизительно то, на что вы будете способны. Если вы стремитесь к луне, вы может попадёте, может и нет, но большинство шансов на то, что вы перелетите облако, намного! Луна - гораздо более дальняя цель! Так что, если вы стремитесь к звёздам - вы можете попасть в луну… Или, может быть, даже в звёзды.

Чем выше вы стремитесь, тем дальше вы доберётесь.

Чем больше вы мечтаете, тем большего вы добьётесь.

Так что стремитесь выше. Думайте масштабно.

Глава 5

Сделайте это сегодня, и вы на 50 % приблизитесь к своей цели.

Есть одна вещь, которую вы можете сделать сегодня, чтобы начать двигаться в правильном направлении и наполовину приблизиться к своей цели. Если вы этого не сделаете, позже вам будет намного сложнее составить план и выполнить шаги, которые помогут вам достичь цели.

Готовы к следующему заданию?

Это важный шаг к достижению цели:

Запишите *все* свои цели.

Составьте список всех своих мечтаний и желаний, даже если вы не считаете их целями как таковыми. Напишите список всего, чего вы поистине *хотите*. Чтобы заставить себя двигаться вперёд, найдите минутку подумать о том, какой бы вы хотели видеть свою жизнь во *всех* областях: любовь, карьера, отношения с друзьями, семьёй и коллегами, здоровье, богатство, общество, свободное время и хобби, район проживания и др.

Не забывайте стремиться выше, чем вы думаете.

Отложите книгу и займитесь этим прямо сейчас. Я подожду.

Теперь взгляните на свой список и посмотрите, какое намерение вам больше всего запомнилось — обведите или отметьте его. Это будет главной целью, на которой вы сосредоточитесь.

Вы можете сосредоточиться на нескольких целях одновременно, и соответствующие книги и лекции посоветуют вам это сделать. Но я пришла к такому выводу: чем на больше целей вы сосредотачиваетесь, тем больше запутывается ваш мозг и тем труднее будет их осуществить.

Видите ли, когда вы сосредотачиваетесь на одной главной цели, в то же время (всегда!) пытаясь поддерживать высокий уровень энергии и быть счастливым (советы о том, как это сделать, приводятся далее в этой книге), тогда вся ваша энергия течёт в этом направлении. А вот когда вы пытаетесь достичь многих целей одновременно, то ваша энергия течёт во всех направлениях с меньшей силой.

Подумайте о шланге с давлением воды. Если вода будет вытекать только в *одном* направлении, она будет распыляться с полной интенсивностью, но если вы разделите конец шланга на пять частей, струя воды из каждой трубочки будет меньше и слабее. Чем на большее количество трубочек вы разделите этот шланг, тем слабее будут струи в каждой из них.

Однако это не означает, что вы должны игнорировать другие цели — помните, чем их больше, тем лучше. Это всего лишь означает, что вы должны сосредоточить большую часть своего внимания, на этой главной цели, и пока держать в уме другие, но с меньшей интенсивностью.

Когда вы решите, на чём сосредоточить внимание, убедитесь, что это ясно. Неясные или расплывчатые цели, только запутают ваш разум и заставят вас притягивать слишком много разных, неясных вещей, силой вашей энергии, так как она не будет достаточно *интенсивной*. Чем менее ясна ваша цель и чем больше вы меняете своё мнение, проявляя нерешительность или перескакивая с одной цели на другую, тем больше ваш разум будет путаться, и тем дальше будут откладываться результаты.

Думайте об этом как о покупке в Интернете нужного вам товара. Если вы не можете решить, что вам действительно нужно, вы будете добавлять в корзину всё больше и больше товаров, сравнивать их, оставлять в корзине на следующий день… а затем снова передумаете, мол, следует всё оценить и переосмыслить, добавляя ещё больше товаров - всё это сделать ваше решение ещё сложнее. В итоге, вы будете продолжать откладывать доставку ваших товаров и получения их.

Когда вы уверены в том, что хотите, вы добавляете товар в корзину и нажимаете «Купить». Сделано.

Товар в пути. Если вы не отмените его позже, он вскоре до вас доберётся.

То же самое касается ваших целей. Если вы чётко представляете, что хотите - заказ оформлен. И он на пути к вам. Не отменяйте его своей нерешительностью.

Что касается остального списка — отложите его пока в сторону и обязательно просматривайте каждый день. Если не можете просматривать ежедневно - делайте как можно чаще, хотя бы раз в неделю. Чем чаще вы будете прочитывать его, тем быстрее вы своего добьетесь, потому что ваш мозг будет работать больше для достижения этих целей. (Об этом тоже позже).

Если посмотреть на весь ваш список в общем — его, скорее всего, можно объединить под одним заголовком — Стиль жизни. Все мечты и желания, которые вы написали, вместе составляют ваш идеальный образ жизни — такой, каким вы хотите его видеть.

И вот что-то - поразительно!

Исследования показывают, что когда люди записывают свои цели и часто (желательно ежедневно) возвращаются к ним снова, через год они убеждаются, что более 70% из этих целей были достигнуты.

Знаю, это огромная цифра, и звучит как фантазия. Но что если я скажу вам, что могу быть свидетелем того, что это реально?

Как было сказано в начале, я собираюсь поделиться и научить только тому, в чём убеждена, что оно срабатывает. Это одна из тех вещей. На самом деле, это одно из *самых* мощных упражнений, которое я делала, следуя советам знаменитых учителей и лидеров, многие из которых являются АСами в этой области. Я была поражена, когда узнала, что такая система действительно *работает*!

В первый раз, когда я прочитала об этом, то подумала: всё это надуманно и, возможно, даже пустая трата времени. Во второй раз, когда я услышала это из успешной лекции миллионера, мне пришла в голову мысль: а ведь интересно, что он второй, кто предлагает этот способ. В третий раз, услышав об этом от ещё одного очень успешного человека - я была покорена. Я решила, что терять нечего, кроме 15-20-ти минут свободного времени, надо попробовать следовать этим мудрым советам.

Так я и сделала. Четыре года назад я написала в блокноте на трёх маленьких страницах десять вещей, которых я действительно хотела достичь. (Спойлер - у меня до сих пор хранится этот блокнот, и *весь* этот список стал моей реальностью). Я читала свой небольшой список почти каждый день. Я была вдохновлена, читая его, и воображала что оно непременно осуществится. Прошло несколько месяцев, когда я была очень занята личной жизнью, и у меня не было времени повторно посетить свой список. Ровно через год - вспомнила, что надо проверить, насколько сбылось. Должна признаться, после нескольких месяцев, когда я не смотрела на него, я уже даже не помнила, что *именно* там записано. Так я снова вернулась к своему красивому маленькому блестящему блокноту и прочитала весь список. У меня по спине побежали мурашки, когда я увидела, что целых 80% этого списка уже было исполнено в моей жизни. Поверьте - 8 из 10-и были достигнуты в течение одного года!

Сказать откровенно, тогда мой список не включал в себя ничего астрономического, но в нём было несколько желаний, над которыми я хихикала про себя, когда записывала, потому что думала, что это никак не может быть реализовано в действительности, особенно в течение одного года. "Каковы шансы на их реализацию?" - думала я.

На самом деле, две вещи, которые не сбылись для меня в том году, я считала гораздо более «достижимыми», чем некоторые из тех, которые в итоге проявились.

С тех пор я продолжала составлять список целей и желаний каждый год. Я занимаюсь этим уже пятый год, и каждый год сбывается более половины моих списков. Я также могу заверить вас, что мои намерения стали больше, я начала ставить более высокие цели, и мои списки становятся длиннее. В этом году у меня в списке 20 заветных желаний.

Ваш список будет становиться больше, лучше и длиннее, как только вы сами убедитесь, что это *работает*, и когда у вас по спине побегут мурашки, как только вы впервые увидите, как многого вы достигли. Чем большего вы достигнете, тем увереннее вы станете в процессе, и тем больших целей вы будете достигать.

Человеческий мозг — это целеустремлённый орган. Он достигает результатов лучше, чем любая машина. Начнём с того, что именно в мозгу закладывается умение ходить и говорить, вплоть до принятия важных решений, обучения, выполнения действий и хранения информации.

Составление списка целей настроит ваш мозг в правильном направлении к работе над их достижением.

Так что теперь, если вы ещё этого не сделали — отложите книгу и идите составлять этот список. Это будет увлекательно, обещаю. И мы всё равно завершили эту главу.

Помните ту цель, которую вы особо отметили? В следующих главах, я поделюсь с вами тем, что с ней делать на *практике*.

Глава 6

Быстрый способ притянуть свою мечту

Как вы узнали из предыдущей главы, важен весь список ваших мечтаний, желаний или целей. Вы должны повторять это каждый день (я знаю, что уже говорила это, я просто не могу не подчеркнуть, насколько это важно для вас и насколько это помогает прогрессу).

Но один главный пункт, который особо выделялся для вас из всего списка, которого вы желаете всем сердцем — и, надеюсь, вы стремитесь *большему*, — эта цель и будет вашим главным фокусом. До тех пор, пока вы не достигнете её и не перейдёте к следующей.

Итак, как вы это сделаете? Как вы достигаете этой цели? Каков первый шаг?

Ах! Вот где начинается настоящая интрига!

Я подробно расскажу о двух очень важных шагах, необходимых для достижения вашей главной цели, обозначенной в следующих двух частях треугольника притяжения — «Верить» и «Действовать». Но прежде, я собираюсь дать вам краткий обзор или, скорее, короткий путь к её притяжению.

Готовы? Поехали!

Вот непосредственные шаги к осуществлению вашего желания:

1.   Сосредоточьтесь на вопросе «ЧТО?», а не «КАК?»

2.   Разбейте свою цель на короткие действия.

3.   Отслеживайте продвижение своего прогресса.

4.   Поделитесь с другом (подругой), понимающим и поддерживающим вас.

5.   Сделайте это занятие забавным.

6.   Отпустите.

Я знаю. Последний пункт может показаться запутанным. Но я всё объясню.

Итак, давайте кратко рассмотрим каждый из этих шагов:

1.   Сосредоточьтесь на конечном результате. А *не* на способе его достижения.

Это одна из самых больших ошибок, которую совершают люди, пытаясь достичь цели. Они начинают переосмысливать «как достичь» - своей мечты.

Позвольте мне открыть вам секрет. Большую часть времени мы даже не можем увидеть, как это сделать. Почему? Потому что человеческий разум ограничен. Мы ограничены тем, что узнали, увидели, услышали и вообще *думаем*, что знаем. Дело в том, что мы многого *не* знаем. Нашему эго трудно это признать, но это факт. Независимо от того, насколько вы умны, опытны и образованы, вы всегда можете узнать гораздо больше, всегда есть факты, которые могут вас удивить, и вещи, о которых вы просто не подозреваете. Это значит, что у вас есть множество путей и дорог для достижения вашей цели, которых вы даже не можете предполагать... Если только вы не гадалка.

Вспомните все случаи, когда вы чего-то достигли или что-то случилось в вашей жизни, что заставило вас сказать: «Если бы я мог вернуться в прошлое и сказать себе, что оно ТАК произойдёт, я бы сам себе рассмеялся и никогда бы не поверил».

Вы не можете предвидеть людей, которые встретятся на вашем пути, у которых может быть информация, необходимая вам, чтобы приблизиться к вашей цели. Вы никогда не узнаете, какие возможности могут открыться перед вами, какие законы и правила могут измениться, кто может планировать предложить вам то, чего вы действительно хотите, и думает об этом прямо сейчас, пока вы читаете эти строки, или над каким новым изобретением кто-то тайно работает в данный момент, чтобы сделать достижение вашей цели намного проще.

Подумайте об этом: у вас когда-нибудь был такой сценарий, где вам представили что-то, о чём вы раньше никогда не думали или, возможно, не были знакомы с таким явлением, и внезапно с этого момента вы начали его видеть и замечать по всюду вокруг себя?

Может быть, вы купили машину и начали видеть эту же марку везде на дороге и на всех парковочных местах, тогда как раньше вы никогда не видели её так часто, если вообще.

Или, может быть, вы встретили кого-то из города, о котором никогда раньше не слышали. Внезапно вы узнали, что знаете других людей из того же города, начали видеть название города в заголовках новостей, упоминание в фильмах, в текстах песен и т.д.

Я уверена, вы понимаете, о чём я говорю. Вспомните, когда с вами в последний раз случалось что-то подобное. Как вы думаете, почему?

Это потому, что до того момента, как вам представили это явление, ваш разум отклонялся от его существования. Это было недостаточно важно, чтобы сохранить в уме.

Знаете ли вы, что наш мозг сохраняет лишь небольшой процент информации, которой мы подвергаемся? Остальное он просто отбрасывает в наше подсознание, глубоко внутрь, и запирает в ящике на тот случай, если оно нам может понадобиться позже в жизни. Это потому, что у нас есть ограниченное количество «пространства» в нашем сознании, которое мы используем повседневно.

Подумайте об этом. Вы получаете миллиарды строк информации, поступающей к вам со всех сторон, каждый день, даже если вы не выходите из дома. Всё,

что вы видите, слышите, обсуждаете с другими...
Представьте себе, что вы бы хранили и запоминали
всё до единого сообщения... Ваш мозг, вероятно,
взорвался бы! Итак, ваш мозг *сортирует* информацию
для вас.

Возвращаясь к примеру с автомобилем. Дело не в том,
что вы не видели эту машину настолько часто в
прошлом, а теперь она просто повсюду вокруг вас.
Вероятно, она была там всё это время, вы видели её и
слышали о ней, но не обращали на неё внимания.
Потому что это была недостаточно важная
информация для вашего мозга чтобы её сохранять.
Поэтому мозг её отклонил. Теперь, когда вы владеете
этой машиной (или знаете этого человека и т.д.), она
релевантна *вам*, поэтому вы больше замечаете её
вокруг себя.

Сосредоточьтесь на своей цели, даже если вы понятия
не имеете или не видите, как её достичь, и ваш мозг и
подсознание будут искать подсказки и решения для
вас, которые могут быть вокруг вас, но вы никогда их
не видели и не замечали раньше.

Точно так же, как навигационное приложение на
вашем телефоне — вы отмечаете, куда хотите
добраться (конечный результат), а оно вычисляет и
представляет вам лучший маршрут, чтобы туда
добраться. Вы не рисуете путь сами на нём, не так ли?
Иначе это сведёт на нет всю её цель.

Поставьте цель, сосредоточьтесь на ней, и путь
откроется.

Когда вы начинаете думать о «как», вы *ограничиваете*
свой мозг только тому, что вы знаете и осознаёте, тем
самым заставляя его игнорировать возможные пути и

способы, о которых вы, возможно, не подозреваете в данный момент.

Сосредоточьтесь на конечном результате и оставайтесь открытыми для любого способа, который может подсказать ваше сознание.

2.   Разбейте свою цель на маленькие шаги.

Конечно, вы не можете просто сидеть и надеяться, что оно просто придёт к вам. Хотя может, и придёт. Если вы остаётесь непредубеждёнными и сосредоточены на конечном результате, вы можете просто проснуться однажды утром, и это само собой произойдёт. Поверьте, такое тоже случается. Я видела, слышала и испытывала такие явления много раз.

Но в большинстве случаев от вас всё-таки потребуется какое-то действие. Я подробнее задержусь на этой теме в третьей части этой книги — «Действуй».

А пока, скажу, что даже когда вы знаете, какой шаг вам следует предпринять, чаще всего он вас ошеломляет. Чтобы избежать этого, вам следует разбить свою цель, на маленькие действия.

Чтобы знать, какие действия необходимо выполнить с вашей стороны, сначала решите, сколько (прогресса) вы хотите, в течении какого времени.

Отсюда вы можете разбить свой список на то, сколько вам нужно набрать/заработать/выполнить за месяц, неделю, день.

Затем начинайте делать маленькие шаги к исполнению: исследуйте, спрашивайте людей, которые уже достигли этого, как они начинали, читайте об этом, узнавайте об этом.

Лучший способ разбить свою цель на части — представить, что вы уже её полностью достигли, и спросить себя, а что вы делали для того, чтобы её достичь. Когда вы представляете, вы находитесь в состоянии ума, что уже достигли своей цели, и, таким образом, вы можете увидеть возможности, которые вы, возможно, не видели раньше. (Подробнее об этом в следующей части книги. И уверена, вам это понравится!).

3.   Следите за своим прогрессом.

Вспомните, когда вы были в школе, или учились, или даже просто делали работу по дому в детстве, получали ли вы поощрение в виде наклейки каждый раз, когда вы чего-то достигли? Может быть, вас наградили новой игрушкой? Или вы получили конфету из банки стоящей высоко на прилавке? Или, может быть, вы получили за это денежку? Возможно, даже просто хорошее, подкрепляющее слово.

Что вы тогда почувствовали?

Вы, наверное, были счастливы, хотя бы на мгновение. Возможно, вас охватило чувство гордости за себя. А может быть.. хотелось сделать больше и лучше, чтобы получить ещё большее вознаграждение!

По своей природе мы любим, когда нас признают, нам нравится ощущение прогресса, и это, прежде всего, даёт нам уверенность, чтобы продолжать идти, делать больше, лучше и достигать большего.

Вот почему вы должны вести счёт.

Как?

Записывайте свои успехи, вознаграждайте себя, если то, что вы пытаетесь получить, является чем-то исчисляемым (например, похудение или набор веса, получение большего дохода или уборка в гараже) - ведите записи или даже график, своего прогресса! Запишите, сколько вы потеряли, сколько приобрели, сколько коробок было распаковано или сколько денег вы заработали на этой неделе.

Это придаст вам уверенности и мотивации продолжать продвигаться вперёд, потому что иногда вы можете быть настолько поглощены своей повседневной жизнью, что вам может *казаться*, будто вы застряли на одном месте, когда на самом деле вы делаете успехи и двигаетесь вверх.

Имейте в виду - любой прогресс есть прогресс. Даже мелкий.

4.   Поделитесь своей целью с одним человеком, который непременно поймёт и поддержит вас.

Вы, конечно, не обязаны этого делать, *но* когда вы делитесь с кем-то, вы получаете два преимущества, которые дадут вам преимущество в достижении вашей цели: вы получите поддержку извне (которая иногда может казаться даже более значимой, чем самовознаграждение, о котором мы говорили в разделе 3), и вы почувствуете *ответственность* за свои действия. Таким образом, не двигаясь вперёд, вы почувствуете дискомфорт перед тем другом, который понял и поддержал вас. Теперь вы уверены, что у вас есть кто-то, кто верит в вас, и вы в долгу не только перед собой, но и перед ним. Вы можете испытать необходимость произвести на него впечатление, сделав это быстрее, и друзья, с которыми вы поделились, могут время от времени интересоваться вашими успехами, напоминая о вашей цели в беспокойной повседневной жизни… И вы хотели бы отчитаться перед ними хорошими новостями, не так ли?

5.   Сделайте процесс весёлым.

Сделайте процесс интересным и наглядным!

Исследования показали, что люди запоминают 10 % из того, что *слышат*, 20 % из того, что *читают*, и 80 % из того, что *видят*. Это потому, что мозг обрабатывает визуальные сигналы лучше, чем письменный язык или услышанные слова. Значит, наш мозг видит вещи в *картинках*.

Поэтому гораздо полезнее, визуально проиллюстрировать свою цель, а также весь процесс, чтобы лучше запечатлеть её в своём мозгу.

Распечатайте изображение автомобиля, который вы хотите приобрести, изобразите себя в своей идеальной фигуре, нарисуйте дом своей мечты или сделайте заставку с логотипом вашего будущего брэнда.

Это будет не только ежедневно напоминать о вашей цели, но и поможет вашему мозгу сосредоточиться на ней, пока она не будет достигнута. Кроме того, это заставит вас улыбаться каждый раз, когда вы это видите.

Что касается процесса - создайте мозговой штурм на бумаге, графики и диаграммы.

Ещё одна вещь, которую вы можете сделать, чтобы развлечься, это взять коробочку, записать маленькие шаги, которые вам нужно сделать для достижения своей цели, которые вы, возможно, написали во втором пункте, на маленьких листочках бумаги, сложить и положить в коробку. Каждый день, вынимайте из коробки одну записку, открывайте и читайте её, а также сделайте для себя ежедневной задачей/целью, выполнить её в этот же день!

Вы также можете вести план с ежедневными, еженедельными и ежемесячными целями и записями их достижения.

6.   Отпустите.

Итак, вот что сбивает с толку. И это важно понимать:

После выполнения всего вышеперечисленного, вы должны убедиться, что не *слишком* привязаны к цели. Под этим я подразумеваю, что как бы вы ни *хотели* вести счёт, напоминать себе о своей цели, вдохновлять себя и быть последовательным, вы не должны игнорировать свою повседневную жизнь, пока вы находитесь в процессе.

Как упоминалось в главе 4, «Стремитесь выше», вы всегда должны быть открыты для получения чего-то *лучшего*, чем то, чего вы пытаетесь достичь. И поэтому, если вы слишком привязаны к своей цели, вы можете игнорировать *большие* возможности вокруг вас, думая, что это *не совсем* то, о чём вы просили. Поэтому важно расслабиться, отпустить.

Сказав «отпустить» я имею в виду высвобождение этого в свой день, просто чувствовать себя хорошо и быть открытым! Ваш мозг не может постоянно фокусироваться только на чём-то *одном*.

Когда вы продолжаете думать о том, чего хотите достичь, вы, естественно, представляете себе возможные пути, а затем видите возможные проблемы и препятствия, которых может и не быть.

Постоянно думая о вашем желании, вы можете сосредоточиться на его *отсутствии*, а не на его *притяжении*. Вы можете быть поглощены чувством *желания* или *необходимости* в нём, таким образом постоянно напоминая себе, что у вас этого ещё *нет*. В результате ваша энергия будет течь в сторону её отсутствия — и именно там вы и останетесь.

Решите, чего вы хотите. Цельтесь выше. Запишите это. Составьте план. А затем *отпустите* эти мысли и *знайте* с уверенностью, что вы этого обязательно добьётесь! Пересматриваете свой список и свои цели, но не забывайте жить своей жизнью и наслаждаться процессом!

Мы собираемся обсудить эту идею дальше в главе 29 «Важность освобождения».

Это краткие версии того, что вы можете сделать, чтобы начать притягивать к себе желанное прямо сейчас. *Но* это ещё *не* всё. Если вы хотите глубже изучить эти шаги и понять многое другое, что поможет достичь главной цели, тогда вам следует продолжить чтение следующих частей треугольника — «Верить и Действовать».

Часть 2 - Верь

Глава 7

<u>Единственное, что волнует всех, но никого не должно беспокоить</u>

> *«Все — гении. Но если судить рыбу по её способности взбираться на дерево, она проживёт всю свою жизнь, полагая, что она глупа».*
> *-Альберт Эйнштейн*

Есть одна вещь, которую почти каждый учитывает в каждом своём поступке, обдумывает в каждом своём шаге, о которой очень часто задумывается и не осознаёт, что она мешает ему жить лучшей жизнью, мешает совершать желаемые действия и ограничивает его потенциал.

Если вы *не* из этих людей, то я вас приветствую.

Что это за вещь, вы спрашиваете? Это то, что думают о вас окружающие люди.

Большинство людей слишком беспокоятся о том, что другие люди думают о них, о том, что они делают или как выглядит их жизнь со стороны.

А истина на самом деле в том, что никому нет дела до *вашей* жизни. Люди думают о вас, лишь тогда, когда им интересно, что *вы* думаете о *них*.

Представьте себе комнату, полную танцующих людей. Каждый человек в этой комнате беспокоится о том, что другие думают об их танцевальных движениях. Они все настолько эгоцентричны и сосредоточены на своих собственных танцевальных движениях, пытаясь выглядеть хорошо в глазах других, что даже не оглядываются по сторонам. И это верно для каждого человека в этой комнате. Так что, по сути, никто даже не смотрит на других, но они продолжают беспокоиться о том, что другие думают о них…

Если некоторые люди говорят о вас или думают о вас, то это либо потому, что они хвалят вас (ваши родители, бабушки и дедушки, начальник, друзья и т.д.), либо завидуют вам («Вы видели, какой большой дом он купил?», «Вы слышали, что у него новая дорогая машина?», «Знаете ли вы, что она, по-видимому, популярна на YouTube?»), или, как упоминалось ранее, потому что они интересуются или беспокоятся о том, что *вы* думаете о них.

Если вас кто-то осудит - ну и что?

Если вам кто-то завидует - ну и что?

Если кто-то критикует вас за то, чем он не является и не должен быть частью — Ну. И. Что?

Они имеют право на собственное мнение, это мнение является частью *их* мозга, *их* разума, *их* жизни. Какое это имеет отношение к вашим взглядам и мнениям?

Истина в том, что это не имеет для вас никакого значения. Люди всегда были осуждающими, независимо от того, *что* вы делаете. Если вы вступите в отношения с тем человеком, с кем вы боялись, что люди осудят вас, если будете с ним встречаться, люди осудят вас за это — они скажут, что вы могли бы добиться большего. Если вы этого не сделаете, они осудят вас за то, что вы слишком долго одиноки, и скажут, что значит с вами что-то не так. Если вы получите ту сомнительную роль в пьесе, о которой всегда мечтали, вас будут критиковать за то, что вы её приняли. Если вы этого не сделаете, могут подумать, что вы недостаточно талантливы, чтобы получить её. Я могу продолжать и продолжать с примерами, но вы поняли суть.

У меня вопрос - что лучше - быть судимым и упустить возможность, или быть судимым и прожить свою лучшую жизнь? Потому что вас, вероятно, осудят в любом случае.

Вы, наверное, спрашиваете себя - ну тогда как? Меня всегда судят? Или не кого не волнует?

Большинство людей заботятся только о себе и о том, что о них думают другие. Людей, которые судят вас, меньше, чем вы думаете. И даже они - не *ваша* проблема.

Когда-то судили и самых влиятельных людей в мире (изобретателей, поэтов, писателей и т.д.) — до того, как они стали широко известны и изменили мир. И даже после. Это не помешало им достичь величия.

Вместо этого, окружите себя позитивными людьми, которые верят в вас или ведут тот же образ жизни, к которому вы стремитесь, — они будут поднимать вас, а не тянуть вниз.

Я знаю человека, которого в детстве воспитывали с уверенностью, что он не способен добиться успеха, не такой умный или талантливый, как другие дети, и практически невежественный. В детстве он всегда видел, как люди говорят о нём, смеются и шепчутся за его спиной. Это ещё больше подорвало его уверенность. Когда он стал старше и мудрее, он понял, что люди на самом деле никогда даже не говорили о нём и не смеялись над ним. Когда они разговаривали, то говорили о совершенно других, не связанных между собой предметах, и если бы они взглянули на него - это было бы исключительно совпадением. Он понимал, что всё это было основано на его самооценке, на том, как он был воспитан, и не имело ничего общего с другими. Это всё было в его разуме.

На сегодняшний день, этот человек является успешным и уважаемым бизнесменом.

На самом деле, как упоминалось ранее, *не имеет значения*, что о вас думают окружающие. Единственное, что измеряет, — это то, что *вы* думаете и как вы *решаете* на это реагировать. Физически и эмоционально. У вас есть контроль над *собственным* разумом. Вы можете *выбрать* заботиться или нет, реагировать или нет, действовать или нет.

Глава 8

Как всего одна вещь может изменить всё

Что, если я скажу вам, что вы можете управлять *всем*, что с вами происходит?

Нет, я не сумасшедшая.

Да, я знаю, что в жизни с нами бывают случаи, которые, конечно же, находятся вне нашего контроля.

Но… выслушайте меня. Даже когда что-то происходит с нами без нашего намерения, оно может развиваться в разных направлениях и приводить к разным результатам. Всегда есть более одного возможного исхода.

Разве вы не согласны?

Давайте возьмём пример, о котором мы все думали в какой-то момент жизни: вы выиграли в лотерею. Вам пришло уведомление о том, что вы можете прийти и подписать бумаги на получение денег.

Посмотрим на возможные результаты этого сценария:

- Вы можете потратить все деньги сразу.

- Вы можете вложить их во что-то.

- Вы можете пожертвовать их некоммерческой организации.

- Вы можете поделиться ими со своими близкими родственниками.

- Можете отложить на чёрный день.

- Можете вообще никогда не забирать эти деньги.

Это всего лишь несколько возможных результатов, но есть много, много других. Возможны безграничные варианты.

Но каковы все эти результаты? Посмотрите на пункты выше — от чего на самом деле зависят все эти результаты?

От того, что *вы* собираетесь *делать* с выигрышем, верно?

Другими словами - ваша *реакция* на счастливый случай, т.е.

Случае - выигрыш в лотерею. Вышеуказанные пункты — это ваши возможные действия в *ответ* на этот случай. Обратите внимание, что каждый из них является *вашим решением*. И *результат* зависит от действий, которые вы *решите* предпринять.

Давайте посмотрим на возможные результаты в соответствии с каждым из приведенных выше пунктов:

- *Вы тратите все деньги сразу.* - Если то, на что вы их потратили, не является чем-то очень ценным или может принести вам хоть какую-то прибыль - вы остаетесь ни с чем и снова находитесь в том же положении, в котором были до выигрыша.

- *Вы вкладываете деньги.* - Вы получаете прибыль и удваиваете сумму, которую вы изначально выиграли.

- *Вы жертвуете их некоммерческой организации.* - Вы получаете известность и признание, чувствуете себя хорошо и помогаете сообществу, но уходите с той же суммой, которая была у вас в кармане с самого начала.

- *Вы делитесь ими с близкими людьми.* - Вы и ваша семья можете позволить себе больше, чем раньше, и следовательно, поднимаетесь на новый уровень в своём образе жизни.

- *Вы откладываете деньги на чёрный день.* - Вы продолжаете жить своей жизнью, как есть, и в случае необходимости решаете возможную проблему с большей лёгкостью и эффективностью.

- *Вы никогда не забираете деньги вообще.* - Вы остаётесь там, где вы находитесь в жизни в данный момент, без особых изменений.

Видите, некоторые из этих результатов *похожи* друг на друга, хотя реакция была разной. Другие меняют всё.

Каждая из возможных реакций также имеет много возможных вариантов результата. Например, если мы посмотрим на первый пункт — вы тратите все деньги сразу — это действительно зависит от того, *на что* вы тратите деньги, верно?

Если вы потратите их на ценные вещи — это почти то же самое, что иметь ту же сумму денег — только в форме имущества. Но если предметы, которые вы купили, теряют свою ценность или изнашиваются со временем, то ценность, которую вы имеете, со временем уменьшается.

Если вы потратите всё на технику, которая, может быть, и не будет так называемой «высокой инвестицией», но будет облегчать вашу жизнь в разных областях, вы, может, и останетесь там, где вы были, в денежном смысле, но ваша жизнь станет богаче, продуктивнее и проще.

Предположим, что вы потратите деньги на вредные предметы, такие как нездоровая пища, алкоголь, наркотики, бесполезные предметы, которые будут загромождать ваш дом и т.д. - Мало того, что вы останетесь без суммы денег, которую вы выиграли, но вы также ухудшите свою жизнь или здоровье. В этом случае - вы больше теряете, чем выигрываете.

Это действительно многогранная опция. Каждое событие в жизни может привести к разным итогам, в зависимости от вашей *реакции* на них, и каждая реакция может привести к разным результатам.

Основополагающим фактором в этой цепи событий, является *ваша* реакция на главное событие.

Другими словами, всё, что вам преподносится в жизни, может закончиться по-разному, в зависимости от вашей реакции.

Реакции могут отражаться несколькими способами — чувствами, восприятием, отношением к происходящему и т.д.

Вы управляете своими мыслями, следовательно, вы контролируете свои чувства.

Знаю, знаю, ещё раз - не всегда, да? В вашей жизни могут происходить вещи, которые вас выводят из себя, злят, смущают, радуют или огорчают — вы не всегда можете их контролировать.

Но, на самом деле, вы можете контролировать значительной частью событий — просто изменив то, как вы эти случаи *воспринимаете*.

Если на трассе разъярённый водитель соседнего автомобиля проехал мимо вас и показал вам средний палец - вы можете *разозлиться* на него (= чувство) - что вызовет вашу реакцию на это: обгон, что приведёт к возможной аварии… … в результате - возможная трагедия. *Или,* вы можете *пожалеть* и оценить его негатив, приняв во внимание, что у него могут быть проблемы с нервами. Может быть, он только что получил очень плохие известия и следовательно выплеснул своё настроение на других водителей. Или просто у него был плохой день, в то время как у вас всё идёт отлично, и вы не позволите этому негативу испортить вашу поездку. В результате, вы переключите свои мысли и сосредоточитесь на других вещах, которые могут быть намного важнее, и забудете об инциденте буквально через несколько минут.

Ваши *чувства* являются отражением ваших *мыслей*.

Если вы *думаете* о чём-то плохом, это приведёт к тому, что вы *почувствуете* страх, злость, разочарование или любую другую *плохую* эмоцию по этому поводу. Если вы *думаете*, что всё хорошо, вы будете чувствовать себя счастливым, восторженным или испытывать любые другие *хорошие* эмоции по этому поводу.

Да, плохое может быть плохим на *самом* деле, и не только в вашем *сознании*. Но что, если другой человек не осознаёт, что происшествие является негативным - неужели он не может подумать, что происходящее *не* негативно? Таким образом, чувствовать себя *нейтрально* или *хорошо* о происшествием?

Вы понимаете, что я имею ввиду?

Да, эта часть может быть немного запутанной, я знаю. Но по сути я хочу обратить ваше внимание на то, что наши *реакции* зависят от наших *чувств*, проявляющихся в зависимости от нашего *восприятия* событий.

Конечно, важно быть в курсе о плохих событиях, например, об опасностях. Это имеет решающее значение для нашего выживания. Но *большинство* событий в нашей повседневной жизни, на которые мы реагируем и которые могут повлиять на наше настроение, ситуацию или день, не являются *реальными* опасными событиями, а скорее мнениями людей, их поведением и мелкими, тривиальными раздражениями.

То что я пытаюсь этим объяснить, это что когда вы *воспринимаете* что-то негативно, у вас возникают плохие чувства по этому поводу, вы реагируете соответствующим образом, и ваша реакция потенциально может изменить весь ваш день, неделю, год или жизнь — в зависимости от того, как вы реагируете.

А так как вы сами отвечаете за свои мысли - вы можете выбирать, что думать.

Позвольте показать вам, какое это может иметь решающее значение в вашей жизни, и особенно на пути к достижению вашего желания...

Глава 9

Это легко сделать, но вы никогда не должны этого делать

> *«Человек может потерпеть неудачу много раз,
> но он не является неудачником, пока не начинает обвинять
> кого-то другого».*
> - Джон Берроуз

Самый простой вариант, который люди используют, чтобы не брать на себя ответственность за свою жизнь и обстоятельства, — это обвинять других.

Признаюсь, иногда *сама* поступаю так.

Вы, наверное, тоже так делаете. Не правда ли?

Все мы вольно или невольно так поступаем.

Но я приучила себя *меньше* обвинять других, а почему это важнее, чем вы думаете, сейчас объясню.

Как говорилось в предыдущей главе, все обстоятельства, с которыми мы сталкиваемся, зависят от нашей реакции.

Когда нам не нравится то, что мы видим - сложно заглянуть внутрь себя и спросить себя, почему так получилось и что можно было сделать по-другому, чтобы этого избежать, или чтоб создать лучший результат.

Гораздо проще указать пальцем на кого-то или что-то другое и, таким образом, снять с себя ответственность и чувствовать себя при этом хорошо.

Но ведь проблема в том и состоит, что такой способ самоуспокоения всё же не позволяет нас чувствовать себя спокойно в конце концов. Не правда ли?

Подумайте об этом - какой вариант даст возможность чувствовать себя менее плохо? Расстраиваться и злиться на кого-то, зная, что вы ничего не можете с этим поделать, что приводит к ощущению разочарования, отсутствия контроля и обиды в течение длительного времени, и в следующий раз когда подобное событие произойдет с другим (или тем же) человеком, вам придётся столкнуться с тем же чувством? *Или же* спросить себя, как вы могли бы действовать или реагировать по-другому, что изменило бы результат, которого вы предпочли бы избежать, извлекая из этого уроки на следующий раз, когда вы, возможно, столкнётесь с похожей ситуацией, и получить завершение таким образом?

Мы не руководим другими людьми и всем вокруг происходящим. Но, у нас *есть* контроль над собой и над собственным разумом, мыслями и чувствами.

Причина, по которой это так важно для вашего личного развития, заключается в том, что, когда вы обвиняете внешние обстоятельства или окружающих людей, вы не можете контролировать не тем, не другим. Это приведёт не только к разочарованию из-за того, что вы ничего не можете с этим поделать, но и к тому же результату, когда вы столкнётесь с подобной ситуацией в будущем.

Когда вы осознаёте тот факт, что у вас *есть* контроль над своими *действиями* и *реакциями*, вы можете не только что-то с этим сделать и изменить *результат*, изменив свою реакцию, но и извлечь из этого уроки, тем самым избегая подобного результата в будущих подобных ситуациях.

Точно так же, обвинения мешают нам самосовершенствоваться.

Когда мы обвиняем других и внешние условия или окружение, мы остаёмся на месте, так как убеждаем себя, что виноваты не мы, а другие. Мы говорим себе, что ничего не можем поделать с глупостью, невежеством или грубостью другого человека, законами или ситуацией, поэтому *нам* нечему научиться.

В следующий раз, когда вы столкнетесь с ситуацией, когда вам захочется свалить вину на кого-то или на что-то, остановитесь и спросите себя — какие ещё возможные действия или ответы с *вашей* стороны могли бы изменить окончательный результат вашего дела или состояния?

Представьте себе все варианты, узнайте, какая возможность приближает вас к желаемому результату, растите и постарайтесь избежать таких ситуаций в следующий раз.

Иногда случается так, что я спорю со своим мужем (кстати, мы все спорим, независимо от того, насколько хороши наши отношения. Это нормально. Время от времени у пары могут быть разные мнения, и вы можете вести здоровые дебаты. Главное, сделать это редким случаем, не оскорблять и не проявлять неуважение друг к другу в процессе обсуждения каких-либо вопросов.)

И вот в чём я убедилась: нужно уметь спрашивать себя, что именно стало поворотным моментом, когда обсуждение каких-либо вопросов или обмен разными мнениями и рассмотрение мыслей друг друга превратились в спор. Я мысленно возвращаюсь к началу спора, перематываю разговор по темам и нахожу, с какого момента он стал неприятным. Затем я отслеживаю свои слова и действия и размышляю о том, что я могла бы сделать по-другому, какие другие слова я могла бы подобрать, чтобы не вызвать неприязнь мужа, что было бы лучше оставить при себе и чем не обязательно было делиться в то время, или что я могла бы *добавить*, чтобы сделать мою мысль более понятной. Наконец, я спрашиваю себя, когда я могла остановить спор вместо того, чтобы продолжать его, потому что чаще всего, в какой-то момент спора, мы просто начинаем повторять то, что уже было сказано, теми же или другими словами, добавляя дров к костру, не продвигаясь вперёд.

Всё это звучит, как очень долгий и сложный спор с самим собой, но на самом деле он длится всего несколько минут. Чем больше я упражнялась в этом, тем быстрее и легче мне было находить эти «поворотные точки».

Каков итог такого самоконтроля? Просто *так*, я узнаю больше о своём муже и о себе самой.

Чем больше я оглядываюсь назад на то, где я могла остановить или как бы я могла изменить нашу дискуссию, тем больше я замечаю *повторения*, которые проявляются во время подобных споров, тех слов, которых мне следует избегать, которые могут непреднамеренно обидеть моего мужа, и что я могла бы сделать, чтобы таким образом, нечаянно не повторить своих промахов в будущем.

Поступая так, вместо того, чтобы указывать пальцем и *обвинять*, я размышляю над своими словами и поступками и учусь как избежать подобной ситуации в следующий раз, что приводит к меньшему количеству и более коротким спорам.

Я делаю это не для него. Я делаю это для себя. Для собственного спокойствия и саморазвития. С каждым разом я чувствую себя мудрее для следующего раза, и трачу меньше энергии на ненужные вещи, такие как споры, а вместо этого сосредоточиваю свою энергию на том, чего я *действительно* хочу.

Вы, должно быть, думаете: «Окей, это то, что бы *я* сделал со *своей* стороны. Но как насчёт другого участника спора? Что, если он на самом деле неправ, а у меня есть хорошая, веская точка зрения? Что, если мне вообще что-то не нравится в моём партнере? Можно ли ЭТО изменить?»

С этим *тоже* можно кое-что сделать.

Позвольте мне вам показать…

Глава 10

Секрет об аргументах

«Борисъ за своё мнение,
но не веръ, что в нём содержится вся истина или единственная истина».
-Чарльз А. Дана

Открою секрет…

То, что Чарльз А. Дана сказал в приведенной выше цитате, имеет более глубокий смысл.

Прочтите ещё раз. Что вы из этого поняли?

Расскажу, что *я* из этого поняла, а потом поделюсь обещанным секретом.

Я полагаю, он имел в виду, что хотя вы *должны* отстаивать своё мнение, нет абсолютной правды в том, о чём мы спорим с другими. Большинство тем, о которых мы спорим, и *есть* просто - мнения. Когда спор *не* о мнении - тогда и *спорить* не о чем.

Я снова запутала вас?

Позвольте объяснить.

Секрет в том, что нет ничего, о чём стоило бы спорить или ругаться.

Проще говоря - подумайте об этом так:

Есть две основные вещи, о которых мы когда-либо спорим (хотя *тем*, конечно, много, но все они могут быть разделены на две категории — Факт или Мнение).

Если это факт - нет места для споров и разногласий. Всё, что вам нужно сделать, это утвердить, что это ФАКТ. Мы живём в удивительное время, когда у каждого есть знания, известные человечеству с начала дней, на кончиках пальцев. Интернет называется. (Не уверена, слышали ли вы об этом… довольно крутой инструмент.) Как только вы узнаете, что является истинным фактом — спор окончен.

Если это мнение - то и спорить не о чем, ибо мнения субъективны. Это личная мысль или точка зрения, и у всех нас они разные.

Мы все выросли, веря в разные вещи, даже братья и сестры, воспитанные одинаково, всегда будут чем-то (если не полностью) отличаться друг от друга. Все знания, которые мы накопили за свои годы, основаны на том опыте, через который мы прошли, на людях, с которыми мы общались, на рекламных роликах, которые мы видели, на предметах, которые мы изучали в школе, на приятелях, с которыми мы были в отношениях, на продуктах питания которые мы пробовали, на музыке, которую мы слушали, на шоу программах, которые мы смотрели, на друзьях, которые у нас были, и на многом другом. Я могла бы продолжать и говорить о вещах, которые делают нас разными и *уникальными*, но вы поняли основную идею.

Как уже упоминалось, даже у людей, выросших вместе, воспитанных одними родителями и учившихся в одной школе, всё равно будут разные мнения. Одни и те же родители могли воспитывать человека по-разному, потому что, например, они были первенцами, а у родителей в то время не было большого опыта или ресурсов, в отличие от того года, когда родился самый младший. Два человека, которые вместе ходили в один и тот же класс, могли интересоваться разными предметами и, следовательно, лучше слушали учителей в разных классах и т.д.

Абсолютно *всё*, через что мы прошли в жизни, формирует то, кто мы есть, а также наши *мнения*. Мнение не бывает правильным или неправильным. Это наша точка зрения, основанная на нашем опыте. У двух людей может быть два совершенно разных мнения, и оба они будут одинаково правы. Одно мнение может быть верным для одного человека и ложным для другого.

Чем больше различий люди испытали на протяжении своей жизни, тем разнообразнее могут быть их мнения. (Начиная с самых больших различий, таких как разные страны, условия культуры или века взросления, и заканчивая самыми маленькими вещами, такими, как школа, просмотренные фильмы и типы друзей или напарников).

По сути, мы все обрели настолько разный жизненный опыт, что если вы найдёте человека, мнение которого во многом совпадает с вашим, вы оба должны отпраздновать это событие!

Наш опыт делает нас индивидуальными, уникальными. Никто во всём мире не прошёл через *то же*, что и вы, и не испытал все *те же* переживания, что и вы. И это то, что формирует наши взгляды на все аспекты жизни.

Не поймите меня неправильно, я не говорю, что вы никогда не должны высказывать своё мнение. Вы определенно должны делиться своими взглядами и оценками окружающего мира. Вы можете даже обучать других вещам, в которых они менее осведомлены, чем вы, *если* они этого захотят. Но когда вы это сделаете, будьте готовы выслушать и, возможно, принять другие мнения и взгляды. Вы не обязаны принимать их, если вы не согласны, но вы также не должны отвергать или оспаривать мнение оппонента. Точно так же вы никогда не должны навязывать точку зрения или мнение кому-то другому, а лучше попытаться помочь им увидеть и разделить вашу точку зрения.

У каждой формы мнения есть своё место, и у всех нас есть *причины*, по которым мы смотрим на разные темы определённым взглядом.

Всё, что вы можете сделать, разговаривая с кем-то о чём-то, с чем вы не согласны, это попытаться озвучить своё собственное мнение по этому поводу, а также попытаться услышать их точку зрения. В лучшем случае, один из вас откроется и, возможно, узнает что-то новое, что может даже изменить его собственное мнение. В худшем случае, вы оба услышали *другое* возможное мнение по этому вопросу и узнали кое-что о другом.

В следующий раз, когда вы «спорите» с кем-то, даже если вы с ними не согласны, постарайтесь посмотреть на их мнение с мыслью «Интересно..! Так вот что *они* думают и как *они* на это смотрят. Это намного отличается от *моего* собственного взгляда! Что ж, это заманчиво/забавно/восхитительно/захватывающе/ интригующе/освежающе/интересно/наводит на размышления/необычно» (выберите вариант, который лучше всего подходит к ситуации), вместо того, чтобы думать: «Ах, как глупо».

Разве это не более обогащающий и успокаивающий образ жизни?

Осознайте: они могли бы попытаться *объяснить* вам на словах причину, по которой у них собралось именно такое мнение, но вы никогда не смогли бы увидеть или почувствовать *всего*, через что они прошли в своей жизни, что заставило их прийти к такому выводу. Они, вероятно, даже не помнят или не осознают о них всех в момент ссоры. Так что наличие мнения, отличного от вашего, не обязательно делает их глупыми… То же самое и наоборот, на счёт *вашего* мнения.

Иметь разногласия действительно гораздо интереснее и веселее, чем не иметь их вообще. Подумайте, как скучно и уныло было бы жить в мире, где у всех одинаковые переживания, мысли и взгляды на жизнь. Мы бы в таких условиях никогда не смогли бы учиться друг у друга и расширять свой кругозор.

Поразмышляйте над этим… Подумайте об этом… И ваша жизнь станет намного легче, приятнее и богаче.

Глава 11

Как сделать так, чтобы кто-то стал больше тем, чем вы хотите чтоб он был

Что, если то, с чем вы не согласны, это не мнение, а определённое поведение? Что, если это остаточное явление? А что, если…! Это о вашем супруге или о ком-то, кого вы любите?

Во-первых, позвольте вам напомнить, что во всех нас есть определённые качества, которые могут раздражать других людей. Когда вы по-настоящему любите человека, большую часть времени вы либо не замечаете этого так сильно, и это не будет вас так раздражать, либо вы просто научитесь принимать их качества, потому что мы всё-таки всего лишь люди, и никто из нас не идеален.

Но давайте признаемся — всегда найдутся мелочи, которые вам в любимом человеке не понравятся, верно?

Я расскажу, как и с этим бороться.

Вы не можете изменить человека или заставить его делать или быть тем, чем вы хотите. НО… Есть кое-что, что вы *можете* сделать со *своей* стороны.

Прежде всего, теперь, когда мы обсудили идею различия между людьми в предыдущей главе, вам будет легче принять даже небольшие раздражения в окружающих, так как теперь вы понимаете, что не только их веры, мнения и мысли, но и их *поведение* формируется на основе *их* опыта и жизненных уроков.

Однако есть кое-что, что вы *можете* сделать, чтобы сформировавшиеся в них нюансы меньше раздражали вас.

Хотите знать, что?

Вернёмся к самому первому критерию, который мы обсуждали в этой книге — энергия. Помните?

Чем больше вы сосредотачиваетесь на чём-то, тем больше энергии вы посылаете этому предмету, и тем сильнее оно становится, а также тем больше вы его испытываете, поскольку оно будет умножаться, привлекая к вам всё больше себя.

Помните пример с автомобилем или городом, с которым вас знакомят, и вы вдруг начинаете замечать всё больше вокруг себя? То же самое относится и к тому, что нам нравится или не нравится в других.

Чем больше вы будете на этом сосредотачиваться, говорить об этом с другими, думать об этом и замечать это, тем больше вы будете испытывать симпатии и тем больше похожих нюансов вы заметите в этом человеке *и* в других.

Если вы когда-нибудь слышали (или говорили) фразу «Ты всегда был таким раздражающим?» Ответ будет - Нет, не всегда. Вы просто стали чаще это замечать.

Если вам всё ещё немного трудно понять всю идею энергии, не волнуйтесь, это не простая концепция для понимания, особенно если вы впервые знакомитесь с ней. Чем больше вы начнёте замечать её повсюду, теперь, когда вы лучше знакомы с этой идеей, тем больше вы её поймёте. Но чтобы вам было ещё понятнее, давайте посмотрим на это и с более практической точки зрения. (Если вы уже понимаете, как работает энергия, то следующие доводы только укрепят эту концепцию для вас).

Итак:

Чем больше вы думаете о чём-то, что вам не нравится в другом человеке, тем больше вы замечаете эти раздражители, и тем больше вы с ними не согласны. Думаю, здесь мы с вами единогласны, верно?

Вместо этого, постарайтесь сосредоточиться на том *положительном*, что вам в них *действительно* нравится.

Это может быть определённое поведение, которое вам нравится от них, позитивное настроение, в котором вам нравится, когда они находятся, или то, что они делали ради вас в прошлом.

Размышление о таких вещах вызовет положительную реакцию в вашем подсознании и напомнит вам, по каким качествам вы вообще решили выбрать этого человека изначально.

Чем больше вы будете думать о положительных качествах в нём, тем больше будете на них сосредотачиваться. И чем больше вы на чём-то сосредотачиваетесь, тем больше этого вы увидите.

Старайтесь не только ценить эти положительные качества в уме, но и говорить об этом вслух. Когда мы ценим кое-что в ком-то, это даёт им стимул стать ещё лучше. Как упоминалось ранее, мы, люди, любим признательность. Мы всегда ищем признания своим качествам и заслугам. Поэтому, когда кто-то *искренне* благодарит нас за что-то, это заставляет нас хотеть делать больше вещей, которые помогут нам чувствовать себя более желанными и ценными. Это человеческая природа.

Таким образом, когда вы сосредоточиваете своё внимание на положительных моментах, которые вам в человеке нравятся — в уме *и* вслух, — вы не только притягиваете больше того самого (а также аналогичного поведения) силой энергии (независимо от того, понимаете вы, как это работает, или нет), но вы *также* улучшаете их настроение, давая повод почувствовать, что их ценят, и, следовательно, сделаете их более счастливыми рядом с вами. И, как следствие, они станут лучше относиться к вам, у них появится стремление, применять действия, похожие на те, которые вам нравятся, чтобы *они* чувствовали себя любимыми и ценными в их собственном сознании.

Чем больше вы думаете и сосредотачиваетесь на том, что вам нравится в другом человеке, чем чаще вы это замечаете, тем больше этот человек будет поступать именно так на самом деле, и тем меньше плохого вы увидите, заметите - эти негативные качества просто отпадут.

Вот небольшой трюк, который вы могли бы попробовать в следующий раз, когда вас что-то раздражает в ком-то: во-первых, найдите время, чтобы успокоиться и переключите свои мысли на что-то другое, более позитивное, успокаивающее или, может быть, даже возбуждающее для вас, что не имеет отношения к этому человеку. Таким образом, вы отводите свою энергию от негативного источника, которого не хотите. Затем, когда вы успокоитесь и раздражающие темы больше не будут казаться концом света, заставьте себя вспомнить приятный момент, который у вас был с этим человеком, или то, что вам действительно в нём нравится.

Мне нравится использовать музыку для этого трюка, так как она может усилить чувство. (Когда вы думаете о чём-то, задействуя одно или несколько из ваших пяти чувств, это усиливает это чувство и, следовательно, повышает уровень энергии. Причина в том, что человеческий мозг создаёт более сильные воспоминания, когда они связаны с чувствами.)

Вот почему дуновение запаха, определённая песня, или пребывание в определённом месте могут вызвать сильные воспоминания о том, когда вы в последний раз чувствовали этот запах, слышали эту мелодию или были в данном месте. (Мы обсудим это более подробно позже, в этой книге) Поэтому музыка — отличный способ применить эти рекомендации на практике — как для первой части успокоения (просто послушайте любимую песню, которая успокаивает вас и напомнит, что всё в порядке), так и для второй части (может быть, это будет песня, которую вы слушаете, когда скучаете по этому человеку, находясь вдали от них, или песня, которая напоминает вам о счастливом времени или моменте, который вы провели с ними.)

Вот небольшое упражнение, которое вы можете сделать, чтобы легче и быстрее «отряхнуться от этого» в следующий раз, когда вы обнаружите в ком-то раздражающий элемент:

Составьте список всего, что вам в данном человеке нравится. Обязательно добавляйте в этот список пункты каждый раз, когда они делают что-то, что вам по душе, или когда вы вспоминаете что-то, что вам в них нравится. Когда вы пишете, вы почувствуете непреодолимое чувство оцененные этого человека или, по крайней мере, это заставит вас улыбнуться. Вы можете чувствовать себя немного застрявшим в начале, но чем больше вы пишете, тем больше позитивных моментов вы будете вспоминать.

Если вы чувствуете, что застряли, вот примерный список из десяти возможных вещей, которые вы можете написать о трёх разных типах отношений. Вы можете позаимствовать что-то из этого списка, или он вас подтолкнёт вспомнить что-то ещё, что вы можете добавить к своему списку:

<u>О супруге/девушке/парне/партнере:</u>

- Мне нравится, когда он/а удивляет меня вкусным ужином.

- Мне нравится, как он/а внимательно выслушивает мои проблемы по работе.

- Мне нравится, когда он/а покупает мне вкусняшки, которые я люблю, когда ходит в продуктовый магазин без меня, показывая мне этим, что он/а всегда думает обо мне.

- Мне нравится, когда он/а навещает меня посреди дня, на моём рабочем месте, с бубликом и кофем.

- Мне нравится, как он/а поддерживает мои увлечения-хобби.

- Мне нравится, как важно для него/неё общаться с моими друзьями и семьёй.

- Мне нравится, что у нас одинаковые вкусы в дизайне дома.

- Я люблю, когда он/а из ниоткуда вдруг присылает мне сообщение в течение дня о том, что любит меня.

- Мне нравится, как хорошо он/а относится к моему питомцу/ребёнку.

- Я люблю, когда он/а хорошо отзывается обо мне в разговоре с другими, когда меня нет рядом, и я слышу об этом от них позже.

<u>О друге/члене семьи:</u>

- Мне нравится, как он/а веселит меня, заставляя смеяться над самыми глупыми вещами, над которыми я бы никогда не посмеялся ни с кем другим.

- Мне нравится, что, проводя время с ним/ней, я забываю о своих повседневных проблемах.

- Мне нравится, что он/а никогда не осуждая мои поступки, несмотря ни на что.

- Мне нравится, что я могу позвонить ему/ей в любое время дня, и он/а всегда ответит.

- Мне нравится, как он/а всегда предлагает мне попить или что-нибудь поесть, когда я прихожу в гости, независимо от того, как он/а сам/а себя чувствует.

- Мне нравится, как он/а знакомит меня с новой музыкой!

- Мне нравится, как он/а повышает мою самооценку и уверенность в себе, всегда замечая мои успехи и подбадривая меня.

- Мне нравится, как он/а всегда поднимает мне настроение и заставляет выходить и делать что-то весёлое каждый раз, когда я чувствую себя подавленным.

- Мне нравится, когда он/а интересуется моей повседневной жизнью.

- Мне нравится, что он/а всегда внимательно выслушивает меня и поддерживает любое моё решение.

О коллеге/начальнике/клиенте:

- Мне приятно, как он/а всегда хвалит мою работу!

- Мне нравится, что он/а всегда в хорошем настроении.

- Мне нравится, что он/а всегда будет отдавать предпочтение моей продукции перед другими, даже если мои цены выше.

- Мне нравится, как он/а справляется с моим меняющимся настроением.

- Мне нравится, насколько хорошо он/а знает меня, чтобы не беспокоить, когда я в стрессе, не говоря ни слова.

- Мне нравится его/её азарт и энтузиазм по поводу моей работы.

- Мне нравится, как уважительно он/а относится ко мне.

- Мне нравится, как профессионально он/а оценивает мои способности.

- Мне нравится, как он/а поднимает мою самооценку на работе.

- Мне нравится, как он/а поддерживает меня, когда мне нужно немного отдохнуть от работы.

В следующий раз, когда вы почувствуете злость или раздражение на этого человека, после небольшого перерыва, вернитесь к этому списку и просто перечитайте его. Вам даже не нужно делать это только в плохие времена. Вы также можете читать список, когда хотите вдохновиться, чтобы сделать что-то хорошее для них, или просто когда вы чувствуете, что ваши отношения (будь то романтические, дружеские или профессиональные) нуждаются в небольшой правке.

Глава 12

Как работает цепочка положительных или отрицательных событий?

Позвольте мне задать вам вопрос.

Вы когда-нибудь произносили слова «У-у-у! Я в ударе!», или «Всё становится только лучше/хуже» или «Может ли что-нибудь *ещё* сегодня пойти не так?!» ?

Если да, то это потому, что в тот момент у вас был хороший или плохой «бросок». Вы, наверное, знаете, о чём я говорю: происходит что-то плохое, вы расстраиваетесь, затем происходит ещё одно, а затем следует ещё одно, и это просто продолжается, как плохой радиоканал, в котором нет ничего, кроме песен, которые вы ненавидите. С другой стороны, вы, возможно, пережили «хороший бросок», когда происходит что-то хорошее, а затем представляется ещё одна замечательная возможность, за которой следует ещё одна захватывающая новость, и вы не можете не чувствовать, что это ваш счастливый день и что, возможно, вам следует заполнить лотерейный билет!

Мы все были в таком состоянии и чувствовали это. Но *как* и *почему* это происходит на самом деле?

Если вы были внимательны на протяжении этой книги, то, вероятно, догадались, о чём я собираюсь сказать.

Верно. Энергия. (Понимаете, почему мне пришлось посвятить этому всю первую главу?)

Всё дело в вашей реакции и вашем восприятии происходящих событий, что приводит к тому, что вы либо *замечаете*, либо *притягиваете* больше подобных событий в свой день.

Видите ли, всякий раз, когда происходит плохое событие, и вы реагируете на него с сильным отрицательным зарядом энергии, фокусируясь на нём, расстраиваясь или злитесь на него, то происходит так, что вы переходите в плохое настроение, можете непреднамеренно причинить боль или обидеть кого-то другого. В ответ вы получаете от них негативный заряд в виде либо оскорбительных слов, либо отсутствия поддержки ситуации, в которой вы оказались, либо просто ухода. В результате вы ещё больше разозлитесь, возможно, реагируя физической агрессией, которая причинит вред окружающим, или просто будете замечать ещё больше плохих вещей вокруг вас, потому что вы находитесь в негативном состоянии. Вы можете нечаянно выплеснуть своё разочарование на кого-то, кто вам небезразличен, что ещё больше затянет плохую ситуацию. Ваш мозг будет искать причины, чтобы оправдать вашу вспышку гнева на этого человека (даже если он, вероятно, ни в чём не виноват), ища другие причины злиться на него, что приводит к ненужному спору или ссоре, которых можно было бы избежать.

Что произойдёт в невидимом, это то, что вы будете производить отрицательную энергию, которая будет притягивать к вам ещё больше негатива, вызывая подобные события.

Но. Если случится что-то плохое, и вы либо отмахнётесь от этого, не придадите этому большого значения, либо, наоборот, сразу же разрешите эту проблему – у вас больше шансов остановить «снежный ком» плохих событий, тут же, по горячим следам.

Если мы ещё раз возьмём пример со спором — перестанем выплёскивать его на другого человека и вместо этого попытаемся сосредоточиться на совместном поиске решения, это приведёт к более быстрому решению проблемы, а также к экономии времени и предотвращению больших страданий для обеих сторон.

Это также работает для положительного «снежного кома».

Если происходит что-то хорошее, и вы очень счастливы и взволнованы этим - вы будете посылать положительную энергию, которая будет притягивать к вам — явно или скрыто - ещё больше позитивных эмоций. Тогда вы можете создать цепочку событий, привлекая кого-то в вашем окружении приобщиться к такому же радостному настроению, в каком пребываете вы, т.е. побуждая его относиться к вам с тёплым и позитивным отношением в ответ, что ещё больше поднимет ваше чувство уверенности и счастья. Возможно, вы начнёте замечать вокруг себя больше хороших событий, которые теперь будут выглядеть гораздо более позитивными, чем если бы вы столкнулись с ними при других обстоятельствах.

Зная это, теперь вы можете остановить и предотвратить развитие плохих цепочек событий, а также создать положительные «снежные комы» вашей реальности.

Как?

Чтобы остановить негативную цепочку событий, в следующий раз, когда произойдёт что-то негативное, скажем, вы потеряли кое-что, что вам действительно нужно в данный момент, и не можете найти. Постарайтесь предвидеть, к чему может привести раздражение и гнев по этому поводу: температура вашего тела поднимается от гнева, ваш пульс учащается, вы делаете резкие движения. В результате вы упускаете то, что ищете, когда оно может быть прямо перед вами, или незаметно теряете и другие вещи, рассеивая своё внимание, не замечая, а также теряете фокус, что делает вас ещё более разочарованными и удручёнными. В итоге позже вы не найдёте ещё больше вещей. Кроме того, если рядом с вами кто-то есть - вы можете непреднамеренно обвинить их в пропаже, что также разозлит или расстроит их, выплеснув обиду на вас в ответ. Теперь у вас есть изначально отсутствующий предмет, ещё несколько потерянных или неуместных предметов, обиженный друг, да ещё впридачу много потерянного драгоценного времени.

Вместо этого, попытайтесь найти альтернативное решение, переключитесь на другую задачу, оставив ту, которую вы собирались выполнить, на потом, и попросите друга о помощи. Вы можете найти потерянный предмет, выполняя другое задание, или наткнуться на него по ходу действия. Кроме того, вы можете проанализировать, где вы, возможно, видели предмет в последний раз. Правда, это может занять несколько минут, но вы останетесь сосредоточенными, сохраните свои нервы и получите поддержку своего друга, остановив возможную цепочку плохих событий, с которыми вы, вероятно, столкнулись бы в противном случае.

Другими словами, переключите своё внимание с негативного события, которое вы переживаете, и сосредоточьтесь либо на его *решении,* либо на чём-то совершенно другом, и вернитесь к этому позднее с более ясным умом.

Остановить цепную реакцию негативных событий иногда также может означать взять на себя ответственность, отказаться от оправданий или признать, что нужно найти другой вариант решения проблемы, чтобы получить другой результат и предотвратить возникновение негатива.

Такой случай может быть - выход из нездоровых отношений.

Я знаю девушку по имени Лили, которая именно так и поступила. Вот её история:

У Лили были натянутые отношения со своим парнем Биллом. На самом деле отношения никогда не были по-настоящему искренними. Они просто возникли. Я не буду вдаваться в подробности, но, если подытожить, похоже, он воспринимал подругу как свою собственность. Лили не разрешалось ни с кем разговаривать, куда-либо ходить и что-либо делать, без разрешения Билла. Он осуждал все её поступки и наставлял, что и как делать правильно. Хотя в то же время она на самом деле не чувствовала, что это неправильно. Билл, с другой стороны, всегда ездил в разные места, встречался с людьми и жил свободно, ничего не спрашивая и не согласовывая с Лили.

Билл только что открыл большой офис, купив старый офис и отремонтировав его. Лили, будучи преданной и любящей его, помогала ему всем, чем могла, тяжело работая физически. После работы, до поздней ночи она помогала ему с ремонтом. Кроме того, она по мере своих сил также рекламировала и распространяла информацию о его новом офисе. Если она слишком уставала после работы, Билл обвинял её в недостаточной поддержке.

Наконец, открыв офис для публики, Билл предложил ей место в своём офисе. «Ты могла бы оставить свою текущую работу и управлять офисом!» посоветовал он. И хотя Лили не слишком была в этом уверена, Билл продолжал заманивать её и обещал луну с неба. Всё это показалось ей весьма привлекательным, и она согласилась. И тут Билл заявил, что сначала ей придётся работать бесплатно, чтобы помочь ему создать бренд, а позже ей будут платить.

Прошёл год, в течение которого Лили работала на двух работах — утром на своей работе, а по вечерам в офисе Билла - по-прежнему бесплатно.

Она чувствовала себя истощённой и униженной. Билл заставлял её усердно справляться со своей «должностью», а также помогать ему в его работе. В этом офисе было ещё два других сотрудника, которым Билл платил минимальную заработную плату.

В один из уик-эндов Билл заставил Лили как никогда суетиться из-за большого проекта, который он пытался запустить в своём офисе. Это было то, чего Лили никогда раньше не делала и не чувствовала себя комфортно, но всё же делала, чтобы быть хорошим партнёром своему «хозяину». Но вот настал момент, когда она почувствовала, что ей нужен перерыв, и она сообщила об этом Биллу. В ответ Билл взорвался от ярости, сказав ей, что она эгоистичный человек.

Лили было очень обидно. Она вышла из кабинета, плача, спрашивая себя, чем она заслужила такое отношение к себе, ведь она так долго помогала ему, не получая ничего взамен.

По дороге домой она обдумывала свою ситуацию, когда мимо неё на своём велосипеде проехал маленький ребёнок, напугав её, оборвав течение её мыслей. «Извините», — внезапно услышала она чей-то мужской голос. Подняв голову, она увидела улыбающегося мужчину с женой рядом. «Ничего, ничего», — ответила она. И тут неожиданно для себя самой она услышала пение птиц, заметила в парке рядом с ней бегающих и смеющихся детей, и пары, прогуливающиеся и сидящие на скамейках. Это был прекрасный день. Оглянувшись вокруг, она поняла, что так долго всего этого ей так не хватало. Её мысли были так сосредоточены на Билле, его офисе, её работе и усталости, что она упускала из виду саму жизнь и любые другие возможности, которые могли встретиться на её пути. — «Я больше этого не хочу!»

Она вдруг поняла. «Я *ничего* не хочу! Ни Билла, ни ту метафорическую клетку, в которой я была до сих пор заперта, ни ту эфемерную «должность», ни стресс, ни боль, ни переживания! Я хочу быть просто самой собой! Хочу вернуть своих друзей, семью и свою жизнь». У неё как будто наступило прозрение! Она не *обязана* была оставаться в прошлой зависимости. Это *её* собственная жизнь, и выбор в её руках. «Как я не понимала этого раньше?».

С этого дня она перестала отвечать на его телефонные звонки и объявила, что увольняется из офиса. (Если «увольнение» — это вообще подходящее слово для волонтёрской «должности»). Она стала больше проводить время с друзьями, с которыми потеряла связь, стала находить время для самой себя, у неё стало гораздо больше свободного времени после работы, она не так сильно уставала и даже получила повышение на работе.

Вскоре после этого она встретила парня, который полюбил её, уважал и заботился о ней, за которого она позже вышла замуж, и они счастливо живут вместе по сей день.

Лили могла бы сделать этот выбор и остановить плохие события, происходящие в её жизни, намного раньше. Но она была настолько поглощена реальностью, что даже не пыталась думать, что попала в ловушку, что Билл её попросту использовал. Она и не думала, что можно всё кардинально изменить, приняв только одно простое решение — остановить это. Взяв на себя ответственность за свою жизнь, ей нужно было лишь посмотреть на ситуацию со стороны и принять сознательное решение уйти.

Вы также можете *создать* положительную цепочку событий, признавая только что произошедшее положительное событие, фокусируясь на нём, направляя на него большую часть своего потока энергии, чувствуя его на каждом уровне своего существа и реагируя на него соответствующим образом. Тем самым вы не только усилите положительные эмоции, которые последует в результате хорошего события, но ещё и притягиваете больше событий, которые пробудят в вас подобное чувство.

Давайте рассмотрим простой пример:

Когда я случайно получаю признательное текстовое сообщение от моего мужа в середине дня, в котором говорится, что он думает обо мне, это вызывает у меня сильное чувство любви к нему. Я, конечно, отвечаю таким же любовным текстом, но это также побуждает меня сделать для него что-то хорошее, особенное. Тогда я могу запланировать для нас приятный романтический ужин, прибраться в доме или просто дать ему больше любви и внимания (или пространства, если это то, что ему может понадобиться в этот день), когда он придёт домой с работы.

А как же это выглядит с *его* точки зрения?

Он прислал мне это трогательное текстовое сообщение. Это значит, что он был в хорошем настроении (очевидно, вы бы не стали отправлять приятное сообщение любимому человеку, если вы слишком напряжены или у вас действительно неудачный день). Следовательно, у него был хороший день с самого начала, а затем он отправил мне текст и получил душевный, искренний ответ, который (надеюсь) заставил его улыбнуться и поднять его энергию ещё выше, чтобы хороший день продолжался. Далее следует возвращение домой в чистую, приятную обстановку, вкусный ужин и романтический вечер со мной. Всё это, скорее всего, настроило его быть любящим и внимательным, что привело к позитивному настроению у нас обоих. И как следствие, мне захотелось относиться к нему всё лучше и лучше, и как звенья одной цепочки, он захотел в ответ быть ещё более чувственным ко мне. Так возникло наше общее желание сделать наши чувства сильнее, поднять их на новый уровень, заставляя нас обоих двигаться по восходящей спирали положительных эмоций. Поскольку мы оба чувствуем себя такими позитивными и любящими друг друга, мы можем спланировать поездку на выходные, основываясь на восторженных чувствах, испытываемых нами в этот момент, которые вызывают в нас желание проводить больше времени вместе, вне обычного графика повседневной работы. Это вызовет дополнительные положительные эмоции.

Я могла бы рассказать о других возможных способах, способных привлечь позитивные события, но я просто хотела показать вам, как это работает.

Всё дело в том, что, общаясь между собой, люди подпитываются энергией друг от друга, замечая и притягивая к себе больше одинаковых чувств и событий.

В этом сценарии, пока мы оба не позволим чему-то негативному повлиять на нас и испортить нам настроение, положительные эмоции будут продолжать расти и множиться.

Причина, по которой мы не чувствуем себя так *всё* время и не находимся в позитивной восходящей спирали постоянно, заключается в том, что мы часто позволяем негативным или раздражающим явлениям легко поглотить нас, завладеть нашими чувствами. Особенно, если мы устали, голодны или испытываем какую-либо боль.

Всё, что вам нужно сделать, это *не* позволить негативу овладеть вами.

Легко сказать, правда?

Я знаю. Я тоже человек, как я уже упоминала во введении к этой книге, у меня тоже бывают невезучие дни, и я знаю, что это легче сказать, чем сделать.

Но у меня есть несколько решений для вас, чтобы проще достичь нужного результата.

Разрешите поделиться ими с вами…

Глава 13

<u>Всё может быть по-другому</u>

> *«То, чего мы достигнем внутри, изменит внешнюю реальность».*
> *-Плутарх*

Учтите следующее:

Если вы хотите на что-то пожаловаться — по каким причинам вам это необходимо?

Потому что *не* хотите чего-то, или, наоборот, потому что *хотите* этого?

Кажется, глупый вопрос, не так ли? Конечно, мы жалуемся только потому, что чего-то *не* хотим, и хотим чтобы было по-другому. Верно?

Вот! В этом и заключается фишка, над которой я хочу, чтобы вы задумались:

Когда вы жалуетесь на какую-то вещь - это потому, что вы знаете что оно может быть (и *хотите* чтобы оно было) по-другому.

Подумайте - если бы это не могло быть по-другому, никаким образом или формой, вы, вероятно, и не жаловались бы об этом. Вы бы не *знали* альтернативного пути. Вы жалуетесь на что-то, только потому, что либо видели, либо слышали, либо испытали на себе то же самое, в лучшем виде, каким вам хотелось бы это принять.

Вы жалуетесь на дорожные пробки — только потому, что вы ранее ездили на непрерывных, открытых дорогах.

Вы жалуетесь на надоедливых клиентов — только потому, что ранее видели уважительных, благодарных клиентов.

Вы жалуетесь на холод - только потому, что ранее чувствовали тёплую погоду.

Вы жалуетесь на высокие налоги — только потому, что знаете, что их можно снизить.

Вы жалуетесь на грязную улицу - только потому, что в прошлом видели совершенно ухоженные чистые улицы.

Понимаете, что я имею ввиду?

Вы не будете жаловаться на то, что у вас руки вместо крыльев. Потому что вы никогда не видели людей с крыльями. Но вы знаете, что есть люди, у которых нет рук, поэтому, если они у вас есть, вы, конечно, благодарны за них или принимаете их как должное. Возможно, вы подумали, что было бы неплохо иметь крылья после того, как я подала вам эту идею, но вам и на ум не придёт жаловаться на отсутствие крыльев, потому что эта идея абсурдна.

Точно так же, вы не жалуетесь на гравитацию, несмотря на то, что она заставляет вашу кожу в конечном итоге провисать вниз, с возрастом, заставляет хрупкие предметы разбиваться, если они падают, и может привести к ушибу если вы упадёте. Потому что вы знаете, что по-другому быть не может, поэтому никогда не задумываетесь об этом. Это просто есть, и законы гравитации неопровержимы — жаловаться на них бессмысленно.

Когда вы видите ситуацию или вещь, которую не хотите - это исключительно потому, что вы предпочитаете её воспринимать *по-другому*.

В предыдущей главе мы рассмотрели тему, почему жалобы бесполезны, а скорее являются пустой тратой вашего драгоценного времени. Так почему бы не попытаться сосредоточиться, попросить или действовать так, как вы бы *предпочли*?

Я подчёркиваю: если вы чего-то не хотите, то это только потому, что знаете, что оно может быть по-другому. Спросите себя - как бы вы *хотели*, чтобы оно было? Держите ответ на этот вопрос в уме и сосредоточьтесь на *нём*. Продумайте способы достижения *желаемого* результата *вместо* того, чтобы жаловаться на текущую реальность, с которой вы столкнулись.

Когда я впервые узнала об этом, это стало для меня большим уроком, изменившим мою жизнь. Я уверена, так будет и для вас, если действительно задумаетесь об этом и воплотите в своей жизни. Я посмотрела другим взглядом на свою нынешнюю реальность и на всё то, что мне в ней не нравилось и что я хотела бы изменить. Затем я спросила себя, как бы я предпочла, чтобы это было *вместо*, и сосредоточилась на том, как *это* будет ощущаться, и что мне нужно сделать, чтобы произошло именно так, как мне хочется.

Когда вы останавливаетесь в неприятной ситуации и думаете о противоположном тому, что происходит, и о том, как бы вы *хотели*, чтобы оно было, это переключает вашу энергию на решения, в отличие от того, чтобы вы застряли в жалобах, которые никогда вас ни к чему не приводят.

Ральф Эмерсон сказал: «*Не растрачивайте себя на неприятие и не ругайтесь на плохое, но воспевайте красоту хорошего*».

Вы испытываете что-то, что вам не нравится? Окей. Что бы вы предпочли, чтобы произошло? Хорошо. Что вы можете сделать для осуществления вашего желания, или как может произойти так, как вы этого *хотите*? Какие действия вы можете предпринять, чтобы это произошло? Какие возможны пути или решения? Как бы вы себя *чувствовали* при таком противоположном исходе?

Сосредоточьтесь на этом.

Самая важная идея в этом упражнении — *Знать*, что всё может быть по-другому. *Знание* само по себе дает чувство уверенности и облегчения. И если у кого-то в любой точке мира когда-либо было так, как вы хотите, то это возможно и для вас.

Вот вам ещё одно задание:

Составьте список того, чем вы сейчас недовольны или на что жалуетесь. Затем, на новой странице, напишите каким вы бы хотели видеть каждый из этих пунктов.

Когда вы закончите, разорвите список жалоб на куски и выбросьте. Сохраните другой список противоположных вариантов и пересматривайте его не реже одного раза в неделю.

Как я уже говорила, это сместит вашу энергию и заставит ваш мозг сосредоточиться на решениях и способах достижения желаемого результата, вместо того, чтобы притягивать больше вещей, на которые можно пожаловаться, что вызывает у вас чувства гнева или разочарования.

Предположим, вы просто хотите «выпустить пар» т. е. выпустить гнев наружу. Разве не полезнее для вас высвободить его, а не сдерживать внутри?

Если это вопрос, который вас действительно озадачивает, то позвольте мне пояснить:

Можно «выпустить пар», поделившись с кем-то, кто готов слушать и кто, вы уверены, будет на вашей стороне, и либо согласится с вами, либо поможет вам почувствовать себя лучше. Но после того, как вы *выпустили* негатив наружу, важно следом *отпустить* тяжёлые мысли.

Многие люди жалуются на сложившуюся ситуацию, но ничего не предпринимают для её устранения или изменения. Жалуются даже тогда, когда все вокруг уже выслушали их и, к сожалению, не одобряют их жалобы. И, продолжая жаловаться и высказывать своё недовольство теми же ситуациями, они запирают себя в повторяющейся реальности, в которой застряли.

Важно отпустить то, против чего вы, возможно, протестуете.

После освобождения от этого негатива постарайтесь не направлять на это своё внимание и энергию. Не ищите эти темы, не вступайте в разговоры об этом, старайтесь даже не вспоминать то, чем вы были недавно недовольны. Вместо этого, сознательно сосредоточьтесь на противоположных позитивных явлениях.

Вот вам несколько примеров:

Если вы против определённого политика — говорите, беседуйте и подбадривайте его *оппонента*.

Если вы ненавидите определённый жанр фильмов — смотрите, обсуждайте и наслаждайтесь теми, которые вам нравятся.

Если вы не согласны с определённым движением, организацией, группой или учётной записью в социальной сети — найдите себе единомышленников или группу, которая имеет противоположное созвучное с вашим мнением и присоединитесь к ней.

Если вы ненавидите холод — сделайте свой дом теплее, повысив температуру кондиционера, и повесьте фотографии летнего дня на пляже. В качестве альтернативы, если у вас есть возможность, отправляйтесь в отпуск в самое холодное время года в тёплое место.

Один очень важный вопрос, который следует задать себе, когда вы злитесь или расстраиваетесь из-за кого-то или из-за чего-то:

«Вспомню ли я об этом, через год/месяц/неделю?»

Если ответ «Нет» или даже «Вероятно, нет» — то и задерживаться на этом не стоит.

Потому что, если вы не будете помнить об этом, значит оно не сильно повлияет на вашу жизнь. Да и вообще, если нет - стоит ли тратить ваше драгоценное время на размышления или зацикливания на этих перипетиях?…

Теперь, когда вы убедились в том, что жалобы будут только удерживать вас там, где вы есть, если не принесут вам больше самих себя — вы будете сознательно останавливать себя каждый раз, когда жалуетесь на кого-то или на что-то. И со временем, более и более осознавая это, вы постепенно обнаружите, что жалуетесь гораздо меньше и всё больше наслаждаетесь тем, что предпочитаете, что вам нравится и что у вас есть.

Чтобы ещё больше укрепить эту здоровую привычку, вы можете практиковать *благодарность*.

Как? Почему?

Расскажу вам в следующей главе.

Глава 14

У вас есть больше, чем вы думаете

Некоторые великие умы говорят, что благодарность —
это великий множитель. т. е. чем больше вы
благодарите, тем больше получаете.

Но так как я обещала, что не буду слишком
философствовать, а буду заниматься практическими
вопросами — давайте посмотрим на этот аспект с
другой точки зрения.

Исследования показали, что практика благодарности,
например, написание благодарственных писем,
составление списков вещей, за которые вы
благодарны, и просто частое выражение

благодарности окружающим людям и вещам, показывает явные изменения в определенных частях мозга, отвечающих за выработку дофамина (химическое вещество, высвобождаемое в мозгу и отвечающее за положительные эмоции, благодаря которому вы чувствуете себя хорошо), и повышает активность серотонина, (химического вещества, передающего сообщения между нервными клетками в мозгу и по всему телу). Исследования также показывают, что эти мозговые реакции остаются отражёнными в мозгу в течение нескольких месяцев.

Это очень важно, потому что мозг — это орган человеческого тела, регулирующий наши действия, убеждения, мысли и чувства. Знание того, что благодарность так сильно влияет на эти области мозга, значит что просто чувство благодарности, имеет большое значение.

Ещё один вывод, к которому привели недавние исследования, заключается в том, что люди, с психологическими проблемами, которые практиковали благодарность один раз в неделю в течение трёх недель, сообщали о значительном улучшении психического здоровья уже через 4-12 недель после окончания исследования.

Так в чём же, на самом деле, ценность благодарности?

Чувство благодарности заставляет вас сосредоточиться на положительных эмоциях, которые вы на *самом деле* испытываете в настоящее время, испытали в прошлом, имеете в настоящее время или имели в прошлом. Данное чувство, связанное с этим, сильно, потому что эти эмоции, вы испытали на собственном опыте.

Это не то, о чём вы слышали, будто *кто-то* испытал или что вы *хотели* бы иметь. Гораздо легче испытывать более сильные эмоции и, таким образом, высвобождать более сильные волны положительной *энергии*, когда вы испытали что-то на собственном опыте. А мы уже знаем, как работает энергия.

Когда у вас появляется чувство благодарности, ваш мозг выделяет дофамин, играющий роль «центра вознаграждения» в вашем мозгу и влияющий на вашу память, движение, мотивацию, настроение, внимание и многое другое. Дофамин также называют гормоном «хорошего самочувствия», так как он делает именно это — создаёт у вас хорошее настроение. В результате, ваш мозг ищет другие способы достичь того же чувства. Некоторые говорят, что это причина того, почему нездоровая пища вызывает привыкание. Потому что это заставляет мозг выделять нужный гормон, а затем ищет пути выработки его ещё больше.

Точно так же действует и благодарность. Она побуждает вас чувствовать себя счастливым сверхурочно и заставляет ваш мозг работать день и ночь, чтобы привлечь всё больше чувства счастья, заставляет его искать и замечать больше вещей в вашей повседневной жизни, способных обеспечить именно это, даже если вы этого и не осознаёте.

Так же исследования показали, что благодарность улучшает сон, повышает самооценку и даже может помочь пережить травму.

Если вам сложно понять, как работает мозг и эти гормоны, вот более простой пример из вашего повседневного опыта:

Когда вы делаете что-то приятное для кого-то, скажем, готовите хороший ужин для своего супруга или стараетесь что-то сделать, например, усердно работаете на работе, или просто замечаете что-то, например, делаете комплимент другу - как их ответная реакция влияет на вас?

Если супруг расчувствуется, потому что это *как раз* то, что им было нужно после трудного рабочего дня, и они обнимают вас и говорят, как сильно любят вас за чуткость и внимание, - разве не хотели бы вы сделать это снова в ближайшее время или искать другие способы получить такую же реакцию от них?

Если начальник в конце дня соберёт всех сотрудников, положит руку вам на плечо и похвалит вас перед всеми остальными работниками, подчеркнув, как они вам благодарны за ваш труд, и что все должны брать с вас пример и равняться на вас - разве это не вызовет в вас желание продолжать в том же духе?

И если друг, которому вы сделали комплимент, сказал большое спасибо и объяснил, как ему приятно, что вы заметили его новую причёску, что вы первый и единственный, кто это заметил, и что это сделало его день ярче, и что он рад тому что вы есть у него в друзьях. Не захочется ли вам начиная с этого момента стать ещё более внимательны к другу?

Вот как работает благодарность, и именно поэтому её называют великим мультипликатором. Потому что, когда вы благодарны за что-то или кого-то, они хотят сделать для вас ещё больше хорошего, и вы притягиваете к себе больше подобных вещей.

Посмотрите со стороны на свою жизнь и всё, что у вас есть. Кое-что у вас всегда было, кое-чего вы достигли своим трудом, некоторые вещи вы приобрели, а некоторые получили без особых усилий — возможно, в качестве подарка.

У многих людей вообще нет этих вещей.

Крыша над головой, любящая семья, работа, еда, зрение, одежда и даже эта книга - у миллионов людей нет и половины этого. Миллионы людей живут в нищете, многие бездомны, брошены или одиноки в этом мире.

Если вы присмотритесь и хорошенько подумаете, вы осознаете, что у вас есть ТАК много вещей, за которые нужно быть благодарными.

Составьте список. (Да, я люблю списки, не так ли? Но я настойчиво предлагаю делать это, потому что научно доказано: когда вы что-то записываете, вы чувствуете это глубже, у вас больше шансов это выполнить, и это заставляет вас сосредоточиться на них лучше. И ещё потому, уверяю вас - этот способ положительно сработал и для меня самой!)

Составьте список вещей, за которые вы благодарны. Это может занять больше нескольких минут, поэтому убедитесь, что вы никуда не торопитесь. Чем больше времени это займёт и чем больше вещей вы напишете - тем лучше!

Вы можете начать с одной или двух вещей, и они напомнят вам о других вещах, за которые вы благодарны. Вы можете начать с обыденного - глаза, руки, ноги... Затем перейти к основным материальным вещам - дом, одежда, еда... Дополните свой список людьми и животными - семья, друзья, коллеги, домашние питомцы... О каждом, точно напишите, *почему* вы благодарны за них и что вы любите в них больше всего. Можете закончить впечатлениями - отпуски, на которые ездили, места, которые посещали, счастливые моменты, которые у вас были в жизни.

В заключение - обязательно добавьте в список то, что вы *хотели бы* иметь, чего собираетесь достичь, кем хотите стать или что испытать в *будущем*! Позже в этой книге, это станет более понятным, а пока — просто доверьтесь мне и сделайте это! Запишите всё, что вы хотите сделать, кем стать или иметь, как будто оно у вас уже *есть*. Например: «Я так благодарен за то, что моя новая (бренд) машина стоит в моём гараже. Мне она очень нравится!!»

Прочтите этот список, вслух или в уме, и *почувствуйте* эмоции, связанные со всем, что вы написали.

Это упражнение чрезвычайно важно, потому что, прежде чем перейти к осуществлению своих желаний, что и является целью этой книги, — вы должны сначала настроиться и радоваться тому, что у вас *уже* есть. Поступая так, вы будете распространять больше энергии благодарности и связанных с ней позитивных чувств, тем самым притягивая больше вещей, которые вызовут у вас такое же чувство — благодарности.

Повторяю, это будет понятнее, позже, по мере изучения этой книги.

Как узнать, что вы *овладели* благодарностью в полной мере? Тогда, когда вы будете благодарны даже за неприятные вещи.

Вы удивлены, не так ли? Но уже наверняка знаете - у меня есть ответы на ваше недоумение…

Глава 15

Почему нужно принимать и негатив

> *«Всё, что происходит, происходит так, как должно,*
> *и если вы внимательно понаблюдаете, то обнаружите, что это*
> *так».*
> *-Марк Аврелий*

«Всё что с нами случается, происходит не случайно».

Это аксиома, с которой не поспоришь.

Почему? Потому что причина, по которой что-то происходит, может иметь отрицательный посыл. Например, чтобы сделать вас несчастными.

Теперь звучит более логично, верно?

Смех в сторону, я не знаю, если всё происходит по *положительной* причине, но - что, если бы так и было?

Разве это не было бы совершенно сказочно? Что, если бы вы точно знали, что *всё*, что происходит, по сути *хорошо* для вас? Вы бы, наверное, никогда больше не волновались, не так ли?

Теперь позвольте мне показать вам, почему эта идея не *так* уж неправдоподобна:

Посмотрите на свою жизнь. Сколько хорошего есть в вашей жизни на данный момент? Если вы выполнили упражнение на благодарность из предыдущей главы, у вас должно быть несколько пунктов, за что вы можете быть благодарны. А теперь, оглянитесь на своё прошлое — сколько всего, что с вами произошло, привело вас туда, где вы сейчас находитесь? Скорее всего большинство, если не *всё*, что происходило. Хорошее и плохое.

Теперь это не кажется *таким* уж ужасным, правда?

И попробуем уточнить: сколько событий произошло в вашей жизни, которые в то время *казались* плохими, но в конечном итоге, тем или иным образом, привели вас к чему-то *хорошему* или к тому, чего вы сами *хотели*?

Вы можете не вспомнить многих из них в настоящее время, но если вы оглянетесь назад и внимательно проанализируете своё прошлое, я могу гарантировать, что подобное с вами случалось. Всё, что вам нужно сделать, чтобы подтвердить мою теорию взаимосвязи между плохим и хорошим, — это подумать о плохом, что произошло с вами, и о последующем хорошем, что случилось позже, даже если не сразу, и увидеть связь между ними. Лучший способ сделать это — мысленно поэтапно вернуться от положительного события к отрицательному, формы подобной этой:

Хорошее событие произошло, когда я был в том месте, куда бы я не пошёл, если бы этот человек не порекомендовал бы мне туда пойти, а я бы не встретил этого человека, если бы не пошёл в другое место, куда я должен был пойти, из-за того *плохого* события, которое произошло.

Цепочка может быть длиннее, чем эта, но иногда она может быть короче или даже прямой. Чем она длиннее, тем труднее увидеть связь негативного события с позитивным. Но в конце концов очевидна та взаимосвязь, которая так или иначе приводит нас от отрицательного явления к чему-то хорошему.

Для наглядного примера расскажу вам о том, что произошло всего несколько дней назад с моей подругой. Моя подруга хотела купить новый смартфон ко дню рождения мужа. Поскольку до его дня рождения оставалось всего несколько дней, она решила заказать его онлайн и, чтобы быть осторожной в смысле безопасности, выбрала вариант переговоров с магазином, оплатить по телефону, а не давать информацию о своей кредитной карте онлайн.

Хотя говорилось, что получение смартфона займёт семь рабочих дней, а это было ровно за семь рабочих дней до его дня рождения, что делало ситуацию весьма напряженной, она поняла, что у неё нет другого выбора. (Предварительно она навела справки во всех известных в городе точках продажи мобильных телефонов, и уточнила, что нигде нет в наличии аппарата, который она искала). В интернет-магазине также не было чехла для телефона и защитной плёнки, которую она хотела добавить к покупке, но она решила, что просто купит их позже, отдельно, где-нибудь в другом месте.

Она разместила заказ онлайн и получила электронное письмо с подтверждением, в котором говорилось, что магазин перезвонит ей в течение дня. Но они так и не перезвонили. Когда она попыталась связаться с магазином на следующий день, ответа тоже не было, в течение всего дня. Она дважды пыталась разместить один и тот же заказ, но переписка шла с теми же результатами. Конечно, она расстроилась и занервничала. «Успею ли к его дню рождения?», «Не поздно ли искать другой интернет-магазин?»

В тот же день ей нужно было забрать посылку, заказанную онлайн неделю назад в почтовом отделении, расположенном в магазине мобильных телефонов, который ей был незнаком. Каково же было её удивление, когда, войдя в этот магазин, она сразу заметила аппарат, который хотела купить для мужа! Стоит ли говорить, что она купила не только его, но и все необходимые аксессуары.

Видите ли, разочаровывающая ситуация оказалась для неё *решением*, хотя она этого и не знала. Если бы она разместила заказ онлайн, используя данные своей кредитной карты, она, возможно, не получила бы свои деньги обратно, или получила бы устройство слишком поздно, а также ей пришлось бы покупать другие аксессуары отдельно. Но всё произошло так, как произошло, чтобы предоставить ей *лучший* вариант - ближайший магазин, получение желаемого товара раньше, по той же цене, вместе с необходимыми аксессуарами, без необходимости ждать, переживать, отслеживать посылку, или беспокоиться.

В противном случае она, вероятно, никогда бы не увидела это возможное решение.

Позвольте рассказать вам ещё одну маленькую
историю о том, как то, что казалось плохим, привело к
чему-то очень хорошему:

Когда я решила стать фрилансером, я брала *любого*
клиента, которого могла. Одним из моих самых
первых клиентов, была компания с владельцем
которым было очень сложно работать - его было
трудно понять. Он, казалось, не ценил моё время, да
впридачу никогда не платил вовремя. Но я держалась
за него, потому что он был в то время моим главным
клиентом. Его помощником был один работник, с
которым мне нравилось работать. Помню, тогда я
подумала про себя, что хотела бы работать только с
этим одним человеком и никогда больше не
разговаривать с владельцем, но при этом получать
такой же объем работы и дохода.

Через несколько месяцев владелец компании пропал -
не перезванивал, не платил за предыдущие два месяца,
работы от него я больше не получала. Позже я узнала,
что он обанкротился. Сначала я сильно расстроилась,
но потом решила: я знаю, больше никогда не увижу
этих денег, то незачем копить злобу и нервничать по
этому поводу. В итоге я решила сосредоточиться на
положительном результате этой ситуации — мне
больше никогда не придется иметь дело с этим
трудным клиентом! Я почувствовала облегчение *убедив*
себя в том, что вместо этого найду более выгодного
клиента, чем он.

Несколько недель спустя мне позвонил тот самый
работник, с которым мне нравилось работать в этой
компании. Узнав, что владелец должен ему даже
гораздо больше, чем мне, заставив меня почувствовать,
что моя ситуация не так безысходна. Он предложил
мне продолжить совместную работу, так как он уходит

работать самостоятельно! Я, конечно, согласилась! Мне казалось, что это был приятный сон: моё единственное желание сбылось - я сохранила клиента, с тем же объемом работы и доходом в месяц, притом, с доброжелательным начальником — без негативных явлений на работе.

Мало того, всего несколько дней спустя мне позвонили из похожей компании и предложили работу за *двойную* цену, которую мне платила другая компания.

Оглядываясь назад, потеря моего первого клиента была одним из лучших событий, которые могли случиться со мной в моей карьере.

Я знаю, о чём вы сейчас думаете: «Не лучше ли, если бы этот клиент заплатил тебе то, что он должен?» Конечно, было бы лучше! Но если бы так произошло, это означало бы, что он не обанкротился, и также заплатили бы своему помощнику, который, вероятно не стал бы самостоятельным и не предложил бы мне сотрудничество.

Вот ещё один, более общий пример: мы с мужем часто говорим о том, как жизненные трудности через которые мы поотдельности прошли, свели нас в пару, чтобы мы стали идеальными друг для друга, и в результате обучения на прошлых ошибках лучше понимали друг друга, изучая свой прошлый опыт и повышая свой интеллектуальный уровень. По сути, мы *благодарны* за всё то, через что мы врозь прошли в прошлом, чтобы создать идеальное настоящее.

Подобные рассуждения заставляют меня думать: «Если бы я только знала тогда, что хорошее ждёт за углом»…

Вы уже вспомнили о плохих вещах, которые привели
вас к хорошим?

Может быть, это было неудачное собеседование при
приёме на работу, которое состоялось лишь для того,
чтобы позже вы смогли получить предложение на
более выгодную должность?

А может, поездка которая была отменена только для
того, чтобы позже узнать, что погода в
запланированном пункте назначения оказалась далеко
не благоприятной?

Или мероприятие, которое сорвалось как раз для того,
чтобы вместо него посетить что-то гораздо более
захватывающее?

Подумайте, проанализируйте - я уверена, что у вас
есть много подобных примеров.

Верьте, что всё что происходит, приближает вас к
вашей цели или приближает к чему-то хорошему, чего
вы даже не ожидаете, даже если пока не видите как.
Большинство хороших событий, которые случаются,
мы не можем предвидеть, не можем предположить, *как*
они произойдут, пока они не происходят.

Когда вы ставите цель, ожидаете хороших вещей и
благодарны за то, что у вас уже есть, ваша энергия
будет притягивать и приближать вас к большему
количеству вещей, которые заставят вас чувствовать
так же. Вы, вероятно, не почувствуете этих перемен, не
заметите, как это будет происходить, и поэтому кое-что
поначалу может *показаться* итогом с отрицательным
оттенком. Но на самом деле, эти явления лишь часть
вашего пути к желаемому результату.

В следующий раз, когда произойдёт что-то, что кажется плохим, вспомните все случаи, когда неприятные события в вашем прошлом приводили к хорошим результатам, и будьте уверены - это всего лишь ещё один такой случай. Будьте в восторге от того, куда вас приведёт данное событие.

Чем настойчивее вы будете принимать эту идею, тем счастливее вы будете.

Глава 16

Суть веры

Эта часть книги, которую вы сейчас читаете, называется «*Верить*» и также является вторым шагом в трёхступенчатой формуле притяжения, на которой основана эта книга.

«Вера» может быть расплывчатым словом и означать многое: верить в себя, верить что что-то возможно, верить в кого-то… Это может означать надежду, веру и многое другое.

Чтобы быть более конкретной и ясной, как я и обещала в этой книге, я сосредоточусь на вере, о которой говорю - самооценка и уверенность в себе.

Не высокомерие, не гордость.

А здоровое, самоуважение.

Вы не можете пренебрегать собой и наделять добром других и своих близких, потому что у вас не будет достаточно силы, воли, энтузиазма и сосредоточенности, чтобы сделать это, если вы сначала не дадите это самому себе.

Вы также не можете ожидать чего-то желаемого в жизни, если не верите, что сможете добиться его, потому что тогда у вас не будет необходимой *мотивации* даже для того, чтобы сделать первый шаг к осуществлению этого.

Если вы хотите быть успешными, достигать новых высот, помогать другим - вам нужно сначала *знать*, что вы можете.

Первое, что вам важно знать как основу уверенности в себе, это то, что где бы вы ни находились в жизни в данный момент, вы можете подниматься только вверх.

Почему? Потому что вы уже были там, где вы сейчас, и вы знаете, как вы туда попали, поэтому вы всегда можете повторить те же шаги, которые вы уже делали в прошлом, чтобы снова добраться туда, где вы сейчас.

Эта мысль и подтолкнула меня к открытию собственного бизнеса. Зная, что я всегда могу вернуться к частной работе в любое время! У меня есть опыт, я уже прошла этот путь, поэтому знаю, как это делается, и меня наняли один раз, поэтому я могу просто повторить то же самое, что я сделала на прошлом собеседовании, и получить ту же должность, но, может быть, где-то в другом месте. Мне было нечего терять. Я могу либо преуспеть в своём новом

деле (что и случилось), либо потерпеть неудачу и
вернуться туда, где я была раньше. А это значит, что я
могу только выиграть, мне нечего терять.

Оглянитесь на свою жизнь, как на доказательство моих
примеров.

Большинство людей тем или иным образом
поднимаются вверх по жизни. Мы делаем ошибки,
учимся на них, стараемся их не повторять, (надеюсь,
если будем достаточно умны), приобретаем опыт,
знания, связи с новыми людьми, которых встречаем на
пути, и чаще всего - оказываемся в лучшем положении,
чем были раньше, хотя бы не на много.

Да, это может быть пока не та ступень, на которой мы
бы хотели быть. Но если это лучше, чем то, где мы
были раньше, значит, мы всё-таки идём по
правильному пути.

Знание того, что вы можете подниматься только вверх,
должно придать вам немного уверенности. Но этого
недостаточно.

Ещё одна важная вещь, которую следует отметить:
учтите - многие из тех, кто сегодня успешны, начинали
с нуля.

Да, есть такие, которые с таким невероятным везением
родились, и им всё подавалось на блюдечке с голубой
каёмочкой, но *большинству* приходилось преодолевать
определённые трудности, чтобы добиться успеха.

Многие миллионеры, добившиеся успеха сами,
начинали с самых низов, многие даже с более низкого
уровня, чем *вы* находитесь сейчас. Я слышала много
примеров о людях, которые были бездомными,
разорёнными, жили в бедности и неблагополучных

семьях, подвергались домогательствам или были сиротами, но со временем, будучи настойчивыми, добились успеха, богатства и власти.

Если они это сделали, то и вы сможете.

Многие из самых знаменитых и известных изобретателей современности начинали с того, что их высмеивали и не поддерживали, потому что то, к чему они стремились, казалось невозможным и глупым. НО... пока они этого не достигли и не доказали, что были правы. И они достигли замечательных результатов, потому что *верили* в себя и не позволили недоброжелателям остановить их.

Но как на самом деле работает уверенность в себе? Как это влияет на окружающих нас людей и как мы можем чего-то добиться, просто веря в себя?

Давайте погрузимся в анализ этого аспекта более конкретно. Не возражаете?

Глава 17

Как работает уверенность в себе и как она влияет на окружающих

Говорят, уверенность в себе делает людей привлекательными.

Некоторые люди с этим не согласны, потому что путают уверенность с высокомерием.

Уверенность не обязательно означает злорадство, высокомерие или отношение ко всем остальным хуже, чем к себе самому.

Быть уверенным в себе — значит знать себе цену.

Иногда кажется, что всё наоборот: люди, которым не хватает уверенности, пытаются компенсировать её, ведут себя вызывающе, оскорбляя других, крича, чтобы их заметили, и не желая прислушиваться к чужому мнению.

Причина, по которой эти люди так поступают, заключается в их боязни быть незамеченными, если они не привлекут к себе внимание. И если они прислушаются к мнению или точке зрения другого человека, то могут оказаться неправы, а если и ошибутся, то не захотят это признать, потому что посчитают это проявлением слабости.

Когда мы с мужем впервые начали наши отношения на расстоянии, мы были представителями разных культур, родившихся в разных десятилетиях и выросших в разных странах. Поэтому, когда я рассказала ему об определённой традиции, которой мы придерживаемся в моей стране, он сначала ухмыльнулся и сказал, что слышал кое-что об этом, но для него это не звучит архаично. Тогда я попросила его выслушать, почему я считаю, что это на самом деле очень умно, а также гораздо разумнее и даже удобнее и выгоднее для всех участников, чем то, как оно делается там, где *он* живёт. Поразительно: он не только внимательно слушал, но и стал также участвовать в разговоре, задавая вопросы, и, похоже, искренне интересовался моим объяснением. В конце разговора он сознался, что не может поверить, как не знал этого раньше, что я полностью изменила его взгляд на эту тему, и что, по его мнению, про это должны узнать все!

Вы думаете, я думала о нём меньше, отказываясь от его первоначального взгляда на обсуждаемую тему? Наоборот! Я обрела к нему новое уважение, понимая, как должно быть было для него нелегко изменить своё мнение о столь новом и чуждом предмете, когда он воспитывался в другом обществе с совершенно другими взглядами! Кроме того, мне импонировало то, что он давал мне возможность быть выслушанной и проявлять интерес к моей культуре и жизненной позиции.

Эти наши беседы пробудили во мне ещё большее чувство любви и уважения к нему.

Вернёмся к нашей теме. Люди говорят, что уверенность привлекательна, потому что, когда вы по-настоящему уверены в себе и своём опыте, знаниях и таланте, вы открыты для того, чтобы выслушивать людей, может быть, даже с противоположным мнением, и учиться у них, расширяя свой кругозор. Вы становитесь внимательным слушателем, позитивным человеком, вы не опровергающим другие взгляды на окружающую жизнь, не ищете комплиментов и не слишком стараетесь.

Это делает вас привлекательными.

Когда вы не уверены в себе, как упоминалось ранее, вы начинаете искать постоянное подтверждение со стороны других, чтобы обрести больше уверенности, которой вам не хватает. Поэтому вы говорите слишком громко, даже обидно для кого-то или слишком эгоистично (что часто путают со противоположном - уверенностью в себе), тогда как на самом деле вы просто ищете *одобрения* своих взглядов.

Другой пример, где окружающие могут заметить вашу самооценку, — это рабочее окружение, например, собеседование при приеме на работу.

Когда я пришла на собеседование в кампанию, в которой я работала, до того, как основала своё собственное дело, у меня был лишь базовый, начальный опыт работы с компьютерной программой, необходимой для этой позиции. Первый вопрос, который задал мне интервьюер являющийся владельцем компании и менеджером, был - хорошо ли я разбираюсь в *двух* программах, необходимых для этой работы. Поскольку я действительно немного разбиралась в *одной* из них и слышала, что вторая очень похожа на первую, я ответила - Да.

Было ли это ложью? Может быть, в некоторой степени, да.

Говорю ли я, что вы должны лгать на собеседованиях? Нет.

Но в тот момент, я твёрдо верила, что смогу выучить другую программу, так же как я самостоятельно выучила первую.

Я продолжала говорить о своём опыте в этой области в целом и в программах в частности, когда он попросил показать какую-нибудь практическую работу. Он посадил меня перед компьютером и попросил показать, как я могу выполнить базовое задание в обеих программах.

Я была напугана. Я была застигнута врасплох и не знала, чего ожидать и как я собираюсь это сделать. Тем не менее, я сохранила свою уверенность и сразу же согласилась.

Первое задание в программе, с которой я была немного знакома, было действительно довольно простым, и мне удалось выполнить его без особых усилий.

«Кажется, хорошо», — прокомментировал он. «Попробуем сейчас другую программу».

Должна признаться, меня прошиб холодный пот. Но я очень хотела получить эту работу, поэтому старалась сохранять хладнокровие, насколько это было возможно.

Открыв вторую программу, я поняла, что она выглядит очень похожей на первую. Аналогичная планировка, те же инструменты. Когда он попросил меня выполнить ещё одно простое задание, я глубоко вздохнула и просто последовала своей интуиции и своим минимальным знаниям о другой программе.

Я это сделала.

— «Очень хорошо,» — сказал он. — «Можешь приступать к работе на следующей неделе.»

Теперь, помимо того факта, что я солгала, вы также можете спросить себя, почему я подала заявку на работу, о которой мало что знаю?

Ответ таков: потому что это было чем-то, что мне нравилось заниматься как хобби, и я действительно хотела продолжить как свою карьеру. У меня не было денег, чтобы изучать эту область, и моя мама, будучи такой щедрой, уже заплатила за другую академию, которую я посещала ранее, в другой области, которая меня тоже интересовала, хотя она не была и самой богатой, мягко говоря.

Поэтому во время интервью я не лгала в надежде, что мне это сойдет с рук. Я сделала это, потому что искренне верила, что смогу справиться с заданием.

Если бы я этого не сделала, то провалилась бы в тот момент, когда менеджер попросил показать практический опыт, а если бы он этого не попросил — провалилась бы в первый же день уже на рабочем месте. Вместо этого я использовала ситуацию как мотивацию для дальнейшей деятельности — я сказала, что могу это сделать, и меня *приняли!*, так что теперь я должна доказать свой способности.

У меня была одна неделя, чтобы изучить обе программы, что я и делала ежедневно на протяжении первой недели на новом рабочем месте. Я смотрела видео, читала об этом в интернете и пыталась практиковаться, нажимая на разные кнопки в программе, чтобы увидеть, как это делается.

Когда я начала работать в кампании, я не стеснялась задавать вопросы и учиться методом проб и ошибок.

Короче говоря, я проработала в этой кампании семь лет. Получила повышение до начальника своего отдела, а позже мне даже назначили ассистентку.

Спустя некоторое время, я открыла свой собственный успешный бизнес в той же области, которой я занимаюсь до сих пор.

Всё, чего я достигла в своей карьере, я научилась исключительно на собственном опыте.

Если бы я не была уверена, что могу не только учиться, но и преуспевать в этом, и если бы я ушла с того первого собеседования, когда начальник спросил о моих познаниях в этих программах - кто знает, где бы я была сегодня, и добилась ли всего, что я освоила на сегодняшний день в своей карьере.

Здесь уместно заметить, что всё вышесказанное я привела не для того, чтобы похвастаться, а для того, чтобы показать вам пример из моего личного опыта того, как уверенность в себе и вера в себя могут повлиять на вашу жизнь и на ваши отношения, работу, карьеру и многое другое.

История Джека подобна моей. Джек работает в крупной кампании уже более 15-и лет. В своей семье он был воспитан вежливым, послушным и уважительным по отношению к другим, особенно к властям, начальству, учителям и людям, старшим его по возрасту. Это в некотором роде помогло ему в жизни, потому что на него смотрели как на трудолюбивого сотрудника. Но в то же время эти положительные черты характера оказывали ему отрицательную услугу, действовали как ограничение для него, потому что люди часто использовали его в своих интересах и легко оставляли его в тени.

Когда был назначен новый менеджер кампании, он вызывал всех рабочих в свой офис, одного за другим, для ознакомительных бесед. Поначалу это показалось довольно пугающим нескольким сотрудникам, включая Джека. Но затем Джек вспомнил совет, который он однажды услышал в телепрограмме, в котором говорилось, что для преодоления нервозности или страха перед кем-либо, всё, что нужно сделать, это представить его сидящим на унитазе. Так он и сделал. Это не только заставило его хихикнуть, но и напомнило ему, что этот менеджер такой же человек, как и он сам. «Я даже не знаю этого человека, — подумал он, — но более того — *Он* совсем не знает *меня*!» Джек продолжал подбадривать себя. «Он может быть младше, менее опытен или менее осведомлен, чем я. Возможно, это его первая работа в качестве менеджера, и он мог получить её благодаря связям. Возможно, он даже недостаточно квалифицирован. Чем же я запуган?» Далее он понял, что даже если этот новый менеджер достаточно осведомлён, опытен и умён, то он, *Джек,* от этого нисколько не становится меньше. «Я знаю себе цену», — сказал он себе. «Есть причина, по которой я проработал здесь столько лет и работаю до сих пор, в то время как менеджеры менялись, увольнялись и уходили один за другим».

Когда подошла очередь Джека, он уверенно вошёл в кабинет с высоко поднятой головой. «Здравствуйте, сэр,» — сказал он, — «очень приятно познакомиться. Я Джек. Я работаю здесь более 15-и лет, закончил высшее училище». – заявил он, кладя свой диплом на стол менеджера.

Сегодня Джек часто слышит от своих коллег вопрос: «Какого чёрта менеджер всегда улыбается только тебе, будучи таким строгим со всеми остальными??»

Всё дело в том, как вы преподносите себя.

Глава 18

Как сделать из себя человека высокого уровня

Как вы относитесь к себе и другим, так и другие будут относиться к вам.

Давайте разберём этот аспект подробнее.

Как мир воспримет вас, если вы будете относиться к себе с уважением, а к другим относиться как к мусору? Как вы думаете, как к вам будут относиться окружающие вас люди?

Я полагаю, вас будут считать высокомерным и эгоистичным, и с вами, вероятно, будут обращаться так же, как вы относитесь к другим - как к мусору.

Вы согласны?

А что, если вы относитесь ко всем вокруг вас с уважением, но пренебрегаете собой и относитесь к *себе* как к мусору? Как бы люди относились к вам в этом случае?

Я говорю, они, вероятно, будут рассматривать вас как человека не уверенного в себе, может быть, с нехваткой времени для себя, с низкой самооценкой (мы уже рассматривали вопрос, как люди могут относиться к вам, когда у вас нет самооценки). С учётом сказанного - хорошие люди будут вас жалеть, а плохие люди будут вами пользоваться.

Я думаю, не нужно спрашивать, как бы люди относились к вам, если бы вы относились к себе *и* другим как к мусору, не так ли?

Поэтому я представлю последний вариант в этом случае. Как, по вашему мнению, к вам будут относиться, если вы будете относиться к себе *и* к другим с *уважением*?

Верно. Скорее всего, вы будете наслаждаться уважением, а также признательностью, а иногда даже восхищением со стороны других.

Видите ли, если вы относитесь к себе как к высококлассному человеку, вы автоматически *ведёте* себя соответствующе. И когда вы видите себя достойным уважения высококлассным человеком, (не как требовательный, высокомерный, ставящий себя превыше всего, а скорее как тот, кто сам относится и к другим с уважением), то люди и воспринимают вас как такового.

Уважайте себя, знайте свою ценность, знайте, что вы единственный в своём роде, цените свой талант, ожидайте, что к вам будут хорошо относиться, знайте, что вы этого заслуживаете! Рассматривая всех вокруг вас достойными внимания и уважения, проецируйте такой взгляд и подход на других - и к вам будут относиться как к высококлассной личности.

В этом суть фразы «относись к другим так, как хочешь, чтобы относились к тебе».

Конечно, не все и не постоянно будут относиться к вам хорошо. Будут люди, которые будут вам завидовать и не захотят принять вашу добропорядочность. Умейте распознавать причину, по которой они так с вами обращаются — если есть что-то, что вы можете поправить — сделайте это. Если нет, (в таких случаях, как например, ревность) - оставьте их в покое, и не обращайте на них внимание. Помните, что то, что они держат в своём уме - не ваше дело. Их мысли и действия повлияют на *их* жизнь, но если вы не позволите им коснуться *вас*, это не повлияет на ваш образ жизни. Наоборот - вам должно быть лестно. Продолжайте относиться к ним с достоинством, как и ко всем остальным, и вы, возможно, снимете верхний негативный слой их характера и обнаружите под ним хорошего человека.

Твёрдо помните: вы всегда должны знать себе цену!

Ко мне пришло это чёткое понимание, когда как владелец своего бизнеса я почувствовала, что пришло время поднять цены на свою работу, чтобы соответствовать моим конкурентам на рынке.

Поначалу я установила низкие цены, чтобы привлечь большое количество клиентов, показать свои способности и произвести на них впечатление. Так продолжалось год, когда я откладывала повышение цен из-за неуверенности в себе, боязни потерять клиентов и просто нехватки времени на изучение реальных цен на рынке. И, наконец, я поняла, что пора переоценить свои возможности. Многие из моих клиентов на самом деле сами говорили мне, что мои цены слишком низкие для того, что я поставляю, и когда я, наконец, нашла время провести некоторое исследование, я обнаружила, что они были правы. Я также поняла, что клиенты, которые ничего не говорили мне об этом и наслаждались смехотворно низкой ценой моих работ, вероятно, просто использовали это в надежде, что я продолжу удерживать низкие цены.

После долгих переговоров с некоторыми клиентами, которые действительно оценили мою работу и её уровень, а также разговоров с некоторыми членами моей семьи, которые также являются фрилансерами, я, наконец, подняла цены. Хотя всё же не так высоко, как хотелось бы.

Я поняла одно: Я бы либо потеряла половину своих клиентов и осталась бы с другой половиной, которая будет платить вдвое больше, чем я получала до сих пор. Таким образом, мой доход оставался прежним, но с гораздо меньшим напряжением и большим вниманием к оставшимся клиентам. Другими словами - меньше работы, та же оплата.

Или, я бы сохранила всех своих клиентов, и все они платили бы по более высокой ставке — объем работы оставался бы прежним, но доход удвоился бы.

В итоге двое моих клиентов сказали, что слишком дорого для них, и что они будут искать другого специалиста для выполнения их заказов, а также несколько других, которые остались, но стали давать мне меньше работы, чем раньше. Остальные не только согласились и остались с тем же объемом работы, но и похвалили меня за то, что я, наконец, осознала свою ценность.

В результате - я уменьшила объём работы, при гораздо большем доходе.

Это продолжалось около двух недель.

Через две недели оба клиента, которые ушли, вернулись с жалобами на то, что они не могут найти никого, кто был бы свободен, чтоб выполнять их заказы на хорошем уровне, у кого были лучшие цены, чем мои новые, или работали так же «быстро, профессионально и эффективно», как я, (по их собственным словам). Они признались, что я уже умею «читать их мысли» и после года совместной работы они не могут найти никого, кто бы понимал их так же хорошо, как я, изучив их потребности и то, как они работают. Затем они свалили на меня все заявки, накопившиеся за истекшие пару недель.

С тех пор я поднимала цены ещё несколько раз, и у меня остались мои самые лучшие и крупнейшие клиенты, которые уважают и ценят меня и мою работу, а мой чистый доход неуклонно растёт.

Знайте себе цену!

Глава 19

Причина, по которой вы не делаете этот шаг

«Каждый человек принимает пределы своего поля зрения за пределы мира».
-Артур Шопенгауэр

Чего бы вы ни захотели, если это ваша истинная большая мечта или желание, вы можете достичь. Но чтобы этого достичь, нужно действовать — об этом подробнее в следующей (и последней) части треугольника притяжения (Действие). А для того, чтобы действовать, нужно не только хотеть и быть достаточно увлечённым, но что более важно, вы должны верить, что у вас непременно получится!

Далее в этой книге я собираюсь научить вас, как помочь себе поверить, что вы можете это достичь. Для этого есть много способов, и они вам понравятся!

Однако прежде, чем вы научитесь верить, вам нужно сначала понять, почему вам трудно поверить в свои возможности в данный момент.

Как только вы узнаете причину, вам будет легче отпустить её и двигаться вперед к своей цели.

Так что же это за причина, спрашиваете вы?

Есть что-то, что вас сдерживает. Если бы не было ничего подобного, то вас невозможно было бы остановить! Вы бы шли за своей мечтой, стучались бы в любую дверь, не боясь никакого отказа. Вы бы поверили в свою безграничную силу и возможности и достигли бы этой и многих других целей!

Но что-то мешает вам это сделать. И это ваши внутренние *ограничения*.

Я не говорю о вашей физической форме или физических ограничениях, потому что их не существует. (Только взгляните со стороны на всё то, что человечество считало невозможным осуществить, но что позже было путём усердия и веры в человеческие способности: летать, слышать голос и видеть лица людей за тысячи километров, пересекать океаны, исследовать космос, приземляться на луне, участвовать инвалидам в паролимпийских играх и многое другое.)

Я говорю о ваших *внутренних* ограничениях — тех, которые невидимы, о которых вы, возможно, даже не подозреваете, что они у вас есть. И я здесь, чтобы сказать вам, что они есть.

Эти ограничения создаются вашей системой *убеждений*, и они могут быть заразительными для вас самих или для ваших близких.

Ваши убеждения развиваются и добавляются на протяжении всей вашей жизни, начиная с раннего детства и накапливаясь по мере взросления и старения. Некоторые убеждения могут измениться со временем, в то время как другие останутся с вами навсегда.

В раннем детстве, у вас не было никаких убеждений. Вы были открыты для исследования мира без каких-либо мыслей об ограничениях, потому что вы их не знали. Постепенно, мало-помалу у вас начали формироваться *ограничивающие* убеждения появившиеся под влиянием окружающих вас людей — ваших родителей, учителей, друзей, средств массовой информации, общества и т.д.

Возможно, вы слышали такие замечания, как:

«*У вас не может этого быть!*»

«*Ты слишком молод для этого!*»

«*Он умнее тебя*»

«*Ты не способен на это*»

«*Это за гранью!*»

«*Вам не разрешено…*»

И так далее…

Позже они превратились в убеждения в вашем сознании и подсознании, заставляя вас *думать*, что вы можете или не можете совершать те или иные действия и поступки.

Люди, которые заразили вас этими ограничениями, вероятно, делали это не преднамеренно, чтобы защитить вас, но в конце-концов они сумели помешать вам делать определённые вещи или просто основываясь на *своих* ограничивающих убеждениях.

Большинство наших убеждений создаются из *воспоминаний* о том, через что мы прошли, о том, что нам рассказывали, чему нас учили и т.д.

Но вот интересный факт о воспоминаниях, о котором вы возможно не знали: наши воспоминания точны лишь в ограниченном диапазоне в течение ограниченного времени. Это то, что мы *помним*. Каждый раз, когда нас одолевают воспоминания, то что видит наш мозг — это не действительное, реальное *событие*, которое произошло, а последний раз когда вы *думали* об этом событии. Так с каждым разом вы заменяете настоящее воспоминание вашим последним воспоминанием о нём. Это очень похоже на испорченный телефон (помните, такую детскую игру?), когда один человек рассказывает другому определённую историю, а тот в свою очередь рассказывает эту историю кому-то другому в своём *собственном* восприятии, и эта история перекатывается из уст в уста, модифицируясь каждый раз, пока полностью не изменится и почти не будет иметь в себе реальных фактов оригинала. Наши воспоминания работают одинаково. Досадно думать об этом, но исследования показали, что у людей может развиться такое представление, как - ложные воспоминания.

В ходе эксперимента, проведенного в 1995 году, эксперт по изучению человеческой памяти, Элизабет Лофтус, убедила 25% участников, что они когда-то в детстве терялись в торговом центре. Согласно исследованию 2002 года, демонстрация участникам подтасованных фото «доказательств» может привести к тому, что они ошибочно поверят в то, что когда-то в детстве летали на воздушном шаре.

Это означает, что многие из ваших ограничивающих убеждений даже не реальны. Вы можете вспомнить дом, который был очень большим в вашем детстве, только чтобы посетить его снова, будучи взрослым, и обнаружить, что он, оказывается, намного меньше, чем вы думали. Это потому, что ваше восприятие в детстве было совершенно другим, чем сейчас, но ваш мозг не приспосабливает память и чувства к вашему новому взрослому физическому телу. Точно так же вы можете вспомнить что-то, что могло казаться вам значительным в детстве, поэтому вы так же относитесь к этому и сегодня, когда на самом деле это не должно быть для вас таким пугающим бушующем взрослым.

Правда в том, что нет *никаких* ограничений.

Есть правила, законы, хорошие поступки и плохие поступки. Но *ограничений* нет.

Ваши ограничивающие убеждения, которые вы накопили в прошлом и собираете по сей день, основаны не только на том, что вам говорили, но и на вашем личном опыте.

Проблема в том что не каждый опыт одинаков. Если у вас что-то не получилось однажды раньше – не значит, что вы не сможете сделать это снова и добиться успеха на этот раз. Если вам сказали что вы не способны - не значит, что это правда. Если вы увидели, что кто-то в чём-то потерпел неудачу - не значит, что *вы* не можете в этом добиться успеха.

Каждый раз, когда вы хотите что-то сделать, куда-то пойти, что-то попробовать или чего-то достичь, но останавливаете себя думая что не можете — это ограничивающее убеждение, и у него есть источник в вашем уме.

Людей гипнотизируют, чтобы они копались в своих прошлых воспоминаниях, сохранённых в их подсознании, чтобы выяснить причину фобий, страхов и ограничивающих убеждений и избавиться от них.

Как только вы узнаете причину по которой у вас развилось ограничивающее убеждение, вам будет легче отмахнуться от него и отпустить, потому что до тех пор пока вы этого не сделаете, вы будете думать что оно просто является фактом.

Вы можете *верить* что богатые люди злые, что бедные люди жадные, что преступники умны, что налоги слишком высоки, а ваш босс глуп.

Все эти представления развиваются в вашем уме на основе определённых событий, слухов, которые до вас доходили или о которых вам говорили, или вашего личного опыта.

Они *не* являются фактами.

Поэтому, если у вас произойдёт лучший, отличающийся от стереотипа, опыт с любым из ваших убеждений, вы можете изменить своё мнение. Тем самым вы внедряете в свой разум новое *убеждение*.

Так что, если вы когда-либо поменяли мнение о ком-то (о чём-то), значит, вы можете *выбирать*, во что верить!

Если у вас был неудачный опыт работы с определённой компанией, вы можете поверить, что это плохая компания, рассказать об этом всем своим друзьям, и в результате некоторые из ваших друзей начнут верить в то, что компания действительно плохая. Или - наоборот - вы можете поверить, что просто столкнулись со сварливым сотрудником, у которого был плохой день, и он решил выплеснуть своё настроение на вас, таким образом дав компании презумпцию невиновности, и вы сможете испытать лучший опыт в следующий раз, когда обратитесь в эту компанию.

Самое лучшее и самое важное в этом то, что вы можете *выбирать*, во что верить, и иметь собственное объективное мнение о себе и *своих* способностях.

Если у вас есть убеждение, что вы не можете что-то сделать — подумайте об этом. Дело *не* в том, что вы уверены, что *не* сможете, а в том, что вам кажется что потерпите *неудачу*, если попытаетесь это сделать.

Спросите себя, почему вы в это верите. Может быть, что-то произошло в вашем прошлом? Возможно, кто-то донёс до вас негативные сведения? Или вы знакомы с кем-то, у кого что-то не удалось?

Суеверия или плохие приметы, например, работают точно так же. Уверяю вас: люди которые верят в них, верят только потому что они *действительно* испытывают их влияние. Но они испытывают это влияние, *потому* что верят в приметы и суеверия.

Люди, которые в них не верят - не испытывают их, поэтому судят людей которые верят - потому что они никогда сами не испытывали их влияния. (опять-таки, *потому* что в них не верят.)

Поначалу это может показаться немного запутанным, но чем глубже вы поймёте эту концепцию, тем больше смысла она будет иметь. По сути, вы испытаете то, во что *верите* и чего *ожидаете*.

Если вы ожидаете определённого результата от определённого события или действия – вы, скорее всего, получите именно тот результат, в котором вы уверены.

Чаще всего мы даже не осознаём, что у нас *есть* ограничивающие убеждения в нашем подсознании, и копнув глубже, мы находим истинную причину наших ограничивающих убеждений. Как только мы это делаем, мы приходим к пониманию, что нет настоящей причины бояться, ограничивать или останавливать себя. То, что случилось с нами в прошлом, случилось когда мы были детьми, а теперь мы взрослые, с гораздо большим опытом, силой, знаниями и талантом. Того человека, который когда-то сказал то, что застряло в нас на долгие годы, больше нет в нашей жизни и они оказались не такими умными, как мы думали. Тот человек, который потерпел неудачу в том же деле, что и мы, не настолько успешен, как мы.

Даже если вы не можете понять или вспомнить, *почему* у вас есть какое-то ограничивающее убеждение, у вас всё равно есть возможность изменить его.

Например, если вы считаете себя плохим писателем, *выберите* теперь верить в то, что ваши слова пленительны и даже могут гипнотизировать ваших читателей!

Наполеон Хилл сказал в своей книге «Думай и богатей»: *«Что бы ваш разум ни задумал и во что бы он ни поверил, он сможет и Достичь».*

Я обещала дать вам несколько способов, которые помогут вам поверить. Расскажу о моём самом эффективном способе. Эта часть книги, пожалуй, самая любимая мной. Этим способом профессионально пользуются олимпийские спортсмены, предприниматели, бизнес-лидеры, актёры и музыканты. Это так же весело, как и эффективно, потому с тех пор, как узнала об этом я использовала этот способ для притяжения множества вещей в *свою* собственную жизнь!

Держитесь за своё место, потому что это сильнее, чем вы думаете!

Глава 20

Как можно вызвать или вылечить болезнь?

Хорошее эмоциональное здоровье является ключом к общему благополучию. Всё начинается с осознания наших мыслей, чувств и поведения. Жизнь наполнена стрессом и проблемами, и изучение здоровых способов справиться с этими проблемами является нормальной частью жизни. Хорошее самочувствие и поддержание здоровых отношений — важнейшие компоненты эмоционального здоровья.

Жизненные события, как положительные, так и отрицательные, могут нарушить ваше эмоциональное здоровье, что приведёт к сильному чувству печали, стресса или тревоги. Причина, по которой я сказала «положительные *или* отрицательные», заключается в том, что даже *желательные* изменения могут вызывать такой же стресс, как и *нежелательные*. Даже когда мы чего-то хотим, мы обычно размышляем о том, *как* этого достичь, и о том, что у нас этого ещё нет, и это тоже может вызывать стресс.

Именно здесь вступает в игру «связь разума и тела». Ваше тело реагирует на то, о чём вы думаете, что чувствуете и как действуете. Когда вы находитесь в состоянии стресса, беспокойства или расстройства, ваше тело реагирует *физически*. Например, у вас может развиться высокое кровяное давление или язва желудка после особенно стрессового события, которое могло произойти в вашей жизни.

Плохое *эмоциональное* здоровье может на самом деле ослабить *иммунную* систему вашего организма, делая вас более восприимчивыми к простудам и другим инфекциям в трудные времена. Более того, когда вы чувствуете стресс, тревогу или расстройство, вы невольно пренебрегаете своим здоровьем. Возможно, вам не захочется заниматься спортом, есть питательную пищу или делать то, что помогает вам *чувствовать* себя здоровыми.

Стив Коул из Стэнфордского университета провел исследование, которое показывает, как события в нашей социальной и психологической жизни могут изменить работу наших *генов*. Исследование показало, что естественная реакция нашего тела на вещи, которые мы воспринимаем как угрозу, может увеличить наши шансы заболеть серьёзными заболеваниями, такими как рак, болезни сердца и заболевания, поражающие мозг и нервы.

Когда наш организм воспринимает угрозу, он переходит в режим защиты. Миелоидные клетки, которые запрограммированы на поиск и устранение таких проблем, как повреждение тканей, распространяются по всему нашему телу. Эта естественная реакция хорошо работала, когда основными причинами смерти были инфекция или нападение хищников. Однако не все угрозы на *сегодняшний* день являются бактериальными или *физическими*. Некоторые из них являются психологическими, даже *воображаемыми*, и могут возникать из-за чувства отвержения, одиночества, депрессии и т.д.

Когда мы находимся в состоянии страха или стресса, наши мысли могут вызвать химические реакции в нашем организме. Наша иммунная система воспринимает эти сигналы от нашего мозга и готовится справиться с угрозой, производя клетки того же типа, что и в случае реальной *физической* опасности. Проблема возникает, когда множество этих готовых к работе иммунных клеток перемещаются по нашему телу в поисках повреждений, которые можно восстановить, но не могут их найти, потому что вред *эмоциональный*, а не физический, и на самом деле его нет, он только существует в нашем сознании.

Такая реакция этих клеток может способствовать *развитию* потенциальных заболеваний, создавая физические угрозы там, где их раньше не было. Как это ни парадоксально, но факт остаётся фактом: несмотря на то, что наша психологическая реакция на «угрозу» запрограммирована на нашу *защиту*, то есть наше восприятие ситуации (будь то одиночество, неуверенность, неприятие и т. д.) как «*угрожающей*» — может на самом деле в итоге сократить нашу жизнь.

Хорошим фактором является то, что с положительными эмоциями это может работать и наоборот! Вы можете *исцелить* себя позитивными мыслями и *укрепить* свою иммунную систему! Быть позитивным — это не просто чувствовать себя хорошо. Это как волшебное зелье для вашего тела. Это может помочь снизить кровяное давление, уменьшить проблемы с сердцем, помочь вам контролировать свой вес, поддерживать здоровый уровень сахара в крови и даже помочь вам жить дольше. Все части нашего тела, такие как мозг, сердце, иммунная система и гормоны, связаны с тем, как мы справляемся со *стрессом*. Эти показатели могут быть как отрицательными, так и положительными.

Исследования показывают, что то, как мы *воспринимаем* мир, может *формировать* нашу иммунную систему. Эта связь между нашим разумом и телом помогает нам лучше справляться с будущими проблемами, укрепляя защитную систему организма.

Смех, например, является одним из самых известных лекарств для самовосстановления и имеет как краткосрочную, так и долгосрочную пользу. Он может увеличить поступление кислорода к сердцу, легким и мышцам, стимулировать выработку эндорфинов мозгом, улучшить настроение и уменьшить *физическую* боль. Смех снижает уровень гормонов стресса и увеличивает количество иммунных клеток и антител, борющихся с инфекциями, тем самым повышая вашу *устойчивость* к болезням.

Терапевтическая польза смеха была признана на протяжении веков. Хирурги в 13-ом веке использовали смех, чтобы отвлечь пациентов от боли. К 20-у веку ученые начали исследовать целебные свойства хорошего смеха, что привело к развитию сегодняшней «смехотерапии».

После приступа смеха гормоны стресса утихают, а уровень веществ, борющихся с болезнями, повышается! Смех помогает успокоить расшатанные нервы и облегчает боль.

Вот ещё один пример: у вас проблемы с соблюдением правил здорового питания? Исследование психолога Алии Крам показывает, что изменение вашего мышления может помочь. В одном из её исследований участникам давали молочный коктейль на 380 калорий под предлогом, что это был либо «снисходительный» коктейль на 620 калорий, либо «разумный» коктейль на 140 калорий. Когда участники выпивали то, что, по их мнению, было снисходительным коктейлем, у них наблюдалось значительно более резкое снижение уровня грелина, гормона, вызывающего голод, который регулирует обмен веществ, чем когда они пили то, что они считали «разумным» коктейлем. Их тела отреагировали так, как будто они действительно потребляли больше калорий.

Ещё один интересный пример связи разума и тела — использование виртуальной реальности как формы облегчения боли. Исследователи из Сиэтла разработали ландшафт виртуальной реальности под названием «Снежный мир», предназначенный для управления вниманием мозга и уменьшения его способности испытывать боль. Этот метод оказался особенно эффективным для жертв ожогов, которые часто переносят мучительные сеансы лечения ран и физиотерапии. Испытания показывают, что погружение в виртуальный «Снежный мир» уменьшает боль на 15—40% помимо облегчения, которое они получают от наркотиков! Это происходит только путем «обманывая» их собственного разума, заставляя их поверить в то, что они находятся в снегу, с помощью *виртуальных* изображений!

Сила позитивного мышления и смеха в исцелении огромна. Многие люди исцелились от болезней исключительно с помощью этих методов. Вот почему появилась такая специальность, как медицинский клоун. На это есть причина. Независимо от того, насколько ужасен ваш прогноз, есть веские основания полагать, что смех, сотрясающий живот, может улучшить ваше самочувствие, а позитивное мышление может даже *вылечить* вас.

Вы можете провести собственное исследование и увидеть, сколько людей исцелили себя, используя силу своего разума.

Чтобы не делать эту главу длиннее, чем она есть, я не буду рассказывать вам истории о людях, исцеляющих себя с помощью психологии, потому что в Интернете полно таких историй: люди, победившие рак без какой-либо химиотерапии, люди, восстановившие зрение, люди, которым сказали, что они больше никогда не смогут ходить и говорить, и которые доказали неправоту врачей, вставая и полностью выздоравливая, женщины, которым сказали, что они не смогут вынашивать детей, а в итоге у них родилось несколько детей, и многое другое.

Я даже могу вам сказать, что я испытала и стала свидетелем более быстрого выздоровления от травм, боли, простуды и гриппа, проблем с мышцами и суставами и многого другого благодаря силе позитива, отвлечения, психологии и самоубеждения.

По сей день первое, что я и мой муж говорим друг другу, когда кто-то из нас болеет или плохо себя чувствует, это: «Постарайся не сосредотачиваться и не думать об этом слишком много, иначе тебе будет хуже».

Думаю, вы сами когда-нибудь говорили или слышали, как кто-то сказал: «Я был настолько отвлечён» или «Мне было так весело, что я на минуту совершенно забыл о боли». - Это процесс самовосстановления организма.

Связь разума и тела — мощный инструмент, который может как исцелять, так и провоцировать болезни. Понимая эту связь и научившись управлять своим эмоциональным здоровьем, мы можем использовать эту силу для *улучшения* общего состояния здоровья и благополучия. Помните, ваш разум силен, и ваши мысли могут формировать вашу реальность. Поэтому обязательно позаботьтесь о своём *разуме*, и в результате, ваше *тело* поблагодарит вас.

Дальше. Я обещала дать вам несколько способов, которые помогут вам поверить в только что изложенные выкладки. Расскажу о моём самом эффективном способе. Эта часть книги, пожалуй, самая любимая мной. Этим способом профессионально пользуются олимпийские спортсмены, предприниматели, бизнес-лидеры, актёры и музыканты. Это так же весело, как и эффективно, потому с тех пор, как я узнала об этом, я использовала этот способ для притяжения множества вещей в свою собственную жизнь!

Держитесь за своё место, потому что это сильнее, чем вы думаете!

Глава 21

Секрет всех успешных людей

> *«Воображение правит миром».*
> *-Наполеон I*

В процессе чтения, исследования и изучения манифестаций, закона притяжения и успехов других людей в целом, я узнала, что мысленные образы использовались на Олимпийских играх с 1970 года. Это называется «Репетиция зрительно-моторного поведения».

Спортсмены виртуально отрабатывают свои партии, визуализируя своё выступление в ярких деталях, используя все свои чувства, позже и с помощью технологий - подключаясь к современному оборудованию биологической обратной связи, измеряя свои мышцы и мозговые волны.

Например, Тайгер Вудс использовал визуализацию ещё в подростковом возрасте.

Выслушайте меня. Разговор не о воображаемом друге вашего детства по имени «Мистер Обнимашка», а о более глубоком научном понимании того, как работает мозг, на основе нейронауки.

Эффективность визуализации уже широко документирована в науке. Она используется в медицине, науке, финансах, спорте, а также в академических выступлениях, и имеет большую популярность, давая значимые успехи!

Ментальные образы влияют на многие когнитивные процессы в мозгу, включая двигательный контроль, внимание, восприятие, планирование и память, как показали глубокие исследования мозгового потенциала.

Эти изыскания показали, что умственные практики (также известные как визуализация) могут помочь в расслаблении тела, повышении мотивации, повышении самооценки и эффективности, улучшении двигательных и спортивных результатов, функционировании иммунной системы, памяти и успеваемости и, по сути, тренировке мозга для достижения успеха.

Ваш мозг не может различить, делаете ли вы что-то на самом деле или просто представляете себе это. Поэтому он обучается, просто видя яркие образы.

Другие исследования показали, что студенты, которые визуализируют прохождение теста, с большей вероятностью его сдадут!

На первый взгляд, это какое-то безумие - если спросите меня!

Почему вы должны начать использовать это (если вы ещё этого не делали)? Потому что это работает! И доказательство в разноплановом опыте. Вы поверите в реальность системы визуализации только тогда, когда сами попробуете и убедитесь в положительном результате!

Теперь, когда вы поверили мне, когда у вас есть немного знаний об этом, и вы понимаете, что я говорю не только о «воображении», как вы (*думаете* что) знаете, но и о ментальных образах (визуализации), я, надеюсь, привлекла ваше внимание. и теперь могу объяснить, как это использовать и как оно может приблизить вас к вашей цели.

Ещё раз, как я сказала в разделе этой книги, посвященном энергии: если вы не понимаете, *как* оно работает, это не значит, что оно *не* работает или что вы не можете *использовать* это в своих интересах.

Вы знаете, как работает факсимильный аппарат? Автономные навигационные системы? Электричество?

Большинство не знает. Но все мы используем их и наслаждаемся их преимуществами.

Визуализация — это увлекательно, приятно и поднимает настроение, если визуализируя вашу цель, вы чувствуете, что она у вас уже действительно есть *сейчас*, а не «Ох, если бы оно у меня было», и, прежде всего, — оно приближает вас к достижению вашей цели!

Так что вы потеряете, если попробуете применить этот способ мысленного воображения?

Позвольте мне поделиться с вами своим опытом:

Прежде, чем завести собаку по кличке Кали, я смотрела много обучающих видео, читала и исследовала различные методы и т.д. чтобы стать для неё наилучшим хозяином. Один из тренеров, методы тренировок которого мне понравились больше всего, и, кажется, был одним из самых популярных в социальных сетях, жил в США и проводил большую часть своих тренировок на дамбе с травой, недалеко от его дома. Помню, я всегда думала про себя, как было бы здорово иметь такое место, недалеко от того места, где *я* живу, для дрессировки своей собаки. Такое место казалось мне несбыточной мечтой, красивым, приятным и идеальной тренировочной площадкой! Я месяцами пыталась найти похожее место для дрессировки своей собаки, но безрезультатно.

Естественно, когда я смотрела видео дрессировщика, я представляла себя на этой дамбе со *своей* собакой, где я обучаю её трюкам, которые показывал дрессировщик. Каждый раз, когда я приводила Кали на близлежащую открытую строительную площадку для тренировки (поскольку это было единственное тихое место в районе моего места жительства), я представляла, что это и есть та самая дамба.

Примерно через год, когда я впервые начала общаться со своим парнем в Интернете, оказалось, что он из того же города, что и дрессировщик собак, за которым я наблюдала. Сначала я даже не связывала эти совпадения. На самом деле, когда он упомянул название города, из которого он родом, я подумала, что никогда раньше о нём не слышала. Только несколько месяцев спустя, когда он упомянул дамбу в случайном разговоре, я осознала конкретную связь.

"Каковы шансы??" подумала я тогда. «Это же невероятно - познакомиться с человеком, из этого конкретного города!…

Перемотаем время вперёд, в сегодняшний день… Теперь я живу именно в этом городе! Несколько месяцев назад мы с мужем привели мою собаку на эту самую дамбу, где она впервые радостно побегала. Не на *похожее* место, а именно ту *самую* дамбу, за которой я целый год наблюдала и которую воображала, находясь за 11 тысяч километров…

Когда вы постоянно держите образ в своём уме, вы его притягиваете. Так или иначе.

Когда визуализируете, вы всегда должны сосредоточиться на конечном результате. Не на процессе, не на способе достижения, не на пути преодоления препятствий, а на *конечном* результате того, чего вы хотите достичь: вождение этой машины, жить в этом доме, побывать в отпуске в этой стране, иметь такую сумму денег на банковском счету и т.д.

Как мы уже говорили ранее, человеческий разум не всегда может видеть все возможные пути. Кроме того, как мы обсуждали ранее, у всех нас есть воображаемые пределы, которые *мешают* нам видеть все возможные маршруты, пути и решения, даже если мы этого не осознаём.

Если вы думаете и сосредотачиваетесь на том, *как*, по вашему мнению, сбудется ваша мечта, то вы ограничиваете себя только одной возможностью. Таким образом, вы предотвращаете возможности всех других вариантов, которые могут настать быстрее, короче, эффективнее и гармоничнее, или отодвигаете их: ваш мозг подсознательно будет слишком сфокусирован на этом одном пути. Он будет отклонять или игнорировать другие возможные варианты, не видеть их, отвергать их (потому что вы не увидите, *как* именно они могут привести вас к цели), и просто не быть достаточно открытыми, чтобы *притягивать* и принимать другие возможные пути.

Ещё одна причина, по которой вам следует сосредоточиться только на «*Что*», а не на «*Как*», заключается в том, что это «что» (ваша мечта, ваша цель, ваше желание) — вызывает у вас сильные *эмоции*. Это будет держать вас мотивированными, сосредоточенными на конечной цели, ожидать её и чувствовать себя прекрасно! *Путь* к этому, с другой стороны (особенно если вы видите только несколько ограниченных вариантов, которые вы можете *считать* единственными) может напугать, задержать, остановить, заставить вас сдаться, сбить вас с толку, думая: это выглядит слишком сложно - что может вызвать у вас негативные эмоции и опять же отсрочить достижение цели.

Вы понимаете, почему лучше сосредоточиться на результате, а не на пути его достижения?

Теперь, помимо больших целей, которые я себе поставила, где я фокусируюсь на конечном результате при их визуализации, я также люблю использовать этот метод для более мелких, не столь значимых объектов внимания.

Объясню.

Когда у меня возникает что-то стрессовое или пугающее, через что мне нужно пройти, я всегда сосредотачиваюсь, думаю и представляю, что будет *после* — когда этот дискомфорт закончится. Чувство облегчения, радости и комфорта.

Открою небольшой секрет о себе: я ненавижу прививки, анализы крови и любые визиты к врачу. Поэтому с самого раннего детства, когда мне приходилось идти к врачу, моя мама каждый раз покупала мне бутылку шоколадного молока и пирожное. В то время, у нас не было много денег, поэтому для меня тогда это было особенным удовольствием! Она показывала мне бутылку и пирожное и говорила, что это на потом, когда мы *закончим* приём у врача. В детстве это приводило меня в восторг! А когда я была у врача, всё, о чём я могла думать, было бутылка шоколадного молока и вкусное пирожное! Мало того, что это делало весь приём менее напряжённым для меня, но и помогало мне сосредоточиться на том, что будет *после*, на *конечном* результате, а не на самом неприятном моменте.

Когда я стала старше, я уже научилась просто строить планы на время после любого визита к врачу - пойти по магазинам, купить мороженое или заняться чем-нибудь ободряющим!

Что касается моей мамы, то она до сих пор покупает мне что-нибудь вкусненькое, когда провожает меня куда-то, где я могу нервничать.

Другой пример — когда мне пришлось лететь 12 часов (32 часа, в целом, включая пересадки) со своей собакой. Она довольно крупная "девушка", поэтому её не разрешили взять в салон и на всё время полета её пришлось поместить в клетку в грузовом отсеке самолёта. Если вы владелец собаки или любого другого домашнего животного, вы знаете, насколько это стрессово и страшно для хозяина, не говоря уже о животном!

Всю неделю перед полётом, а также во время самого полёта я представляла момент, когда заберу её, после того как мы приземлимся. Я представляла, как смотрю на заднее сиденье машины, возвращаясь из аэропорта, и вижу её лежащей на заднем сиденье. Мы с моим парнем (теперь мужем) планировали отвезти её в парк и говорили о том, как ей понравится её новая кровать и маленькая собачья комнатка, которую он построил для неё под лестницей!

Когда мы, наконец, были на обратном пути из аэропорта, вместе с моей собакой, как бы она ни была напугана и измучена, я улыбнулась, оглядываясь на неё, лежащую на заднем сиденье и тяжело дышащую. Казалось, что вся поездка была просто сном, и этот спокойный момент всегда должен был наступить. Потому что он уже случался, многократно, в моём воображении.

Это больше, чем просто отвлечение себя от чего-то стрессового (хотя и это тоже имеет значение), но это также вера в то, что всё *закончится* так, как вы себе это представляли, независимо от того, *как* оно случится!

Как мы обсуждали в предыдущей главе, сильная связь между разумом и телом имеет решающее значение и важна для проявления желаемой реальности. Ещё одним ярким примером этого является эффект плацебо. Слышали ли вы когда-нибудь об этом?

Человеку дают в основном «пустую» таблетку, которая не оказывает никакого влияния на организм, и говорят, что эта таблетка предназначена для лечения любой проблемы или состояния здоровья, которые у него могут быть, и что она очень эффективна. В результате - человек выздоравливает.

Это известный факт, и он известен науке и используется в медицине уже много лет.

Говорю ли я, что это может быть единственным лечением или решением для всех состояний здоровья и болезней? Однозначно нет.

Эффективен ли он при определённых симптомах и состояниях? На этот вопрос сама наука уже ответила. Не я.

Какое это имеет отношение к тому, что я только что рассказала вам о визуализации? Поймёте через минуту, обещаю.

Так как оно работает?

Что ж, поскольку я сказала, что эта книга будет простой и понятной для любого простого человека, я не собираюсь вдаваться в слишком глубокие научные гипотезы. Короче говоря - это психология. Большинство стрессов, боли и страха имеют психологическую природу, как и многие случаи выздоровления.

Дело не только в том, что разум думает, что его лечат, поэтому он выздоравливает, но это больше связано с *ожиданием.*

Когда ваш мозг чего-то *ожидает*, он соответственно и реагирует. Он готовится, ищет возможности, решения проблемы и приспосабливается к новой реальности, которой он представлен.

Научные исследования показывают, что плацебо укрепляет связь между разумом и телом, заставляя разум пациента по существу посылать телу комментарий, чтобы исцелить себя или перестать ощущать симптомы, если они были созданы самим разумом.

Проще говоря, это означает, что когда ваш разум *ожидает* чего-то (как те пациенты, ожидающие улучшения или выздоровления), ваше тело *реагирует* на этот позитивный посыл.

Я уверена, что теперь вы можете увидеть связь с темой, который мы обсуждали ранее.

Когда вы визуализируете окончательный результат, которого хотите достичь, ваш разум будет реагировать, ища пути достижения этого результата. Потому что, как мы упоминали ранее, мозг не может различить, действительно ли вы что-то делаете или просто представляете себе это действие.

Теперь, когда вы думаете о том, чтобы что-то вообразить, вы, вероятно, думаете об этом самым расплывчатым и простым способом.

Позвольте мне направить вас и объяснить для лучшего понимания, *как правильно* и эффективно визуализировать.

Глава 22

Учимся визуализировать

> *«Воображение важнее знаний»*
> *- Альберт Эйнштейн*

Вы, наверное, думаете, что я неадекватная или обращаюсь с вами как с профанами.

Кого нужно *учить как* визуализировать??

Верно?

Вы закрываете глаза, видите мысленную картину того, чего хотите, и открываете глаза.

В основном, это так. Верно?

Ну… Не верно.

Итак, позвольте мне научить вас визуализировать.

Сядьте поудобнее, прочитайте этот урок внимательно, потому что, как только вы поймёте суть, это будет забавно! И что немаловажно - эффективно.

Когда дело доходит до визуализации в целом, нет правильного хода или неправильного. Метод закрытия глаз и видения мысленного образа также является одной из форм визуализации.

Но. Этот способ не такой *эффективный* и действенный, как способ, который я собираюсь вам объяснить. Моя задача - показать вам, как это сделать таким образом, чтобы на самом деле помочь вам *притягивать* и *притягиваться* к предметам, людям и событиям, которые приблизят вас к вашей цели.

Когда люди впервые слышат о силе визуализации, они создают так называемую доску визуализации (если вы не слышали о доске визуализации — это в основном доска или коллаж из изображений, которые вы размещаете, из всех (в основном материалистических, но не только) вещей, которых вы хотите достичь в жизни, сделать, исполнить или иметь.), и они видят эти картины в своём уме, а затем продолжают свой день обычно.

Некоторым из таких людей действительно удаётся осуществить эти мечты. Другим - нет. Всё потому, что того, что они делают, недостаточно. Это не весь потенциал визуализации.

Существует процесс, который необходимо понимать, когда дело доходит до визуализации.

Я не только научу вас, как сделать этот процесс более эффективным, но и поделюсь некоторыми способами сделать его даже ещё результативнее!

Визуализация — это не магия. Это процесс. Техника.

Что *притягивает* к вам, так это не ментальные образы, которые вы держите в уме, а ваши мысли и *чувства*, связанные с ними. Визуализация — это только *способ*.

Точно так же «доски визуализации», являются инструментом, позволяющим быстрее и легче *стимулировать* ваши ментальные образы, вызывающие ваши мысли и *эмоции*.

В предыдущих главах этой книги мы рассмотрели, как сильные чувства активизируют мозговые волны, которые посылаются в ваше окружение - людям и обстоятельствам. Это та самая сила, о которой мы говорим и здесь.

Визуализация — сильный способ, чтобы спровоцировать именно эту направленность.

Когда вы просто безучастно смотрите на картинку или представляете что-то на короткое мгновение — это мало что даст. Никаких эмоций, по крайней мере сильных, она у вас, наверняка, не вызовет.

Точно так же, если вы просто думаете о чём-то, не привязываясь к этому ментально, это не вызовет в вас сильных *чувств*, а если и вызовет, то ненадолго.

Прежде чем перейти к объяснению эффективного способа визуализации, я расскажу вам небольшую историю, иллюстрирующую силу визуализации…

Эта история случилась, когда Мэри была девочкой-подростком. Она была глубоко влюблена в своего соседа Дэйвида. Хотя Дэйвид был старше и, вполне возможно, даже не подозревал о её существовании, она продолжала мечтать о нём, в любой удобный момент.

Однажды, когда она ехала на автобусе в школу, она села у окна, глядя на улицу на проходящих людей. Она во всех *подробностях* представляла себе машину Дэйвида, желая увидеть его. Она мысленно представляла его ярко-жёлтую машину, стоявшую перед красным цветом светофора. Воображая это она улыбнулась, думая о нём, испытывая сильное волнение. И, только сформулировав эту мысль, о на вдруг услышала «извините?» , обращённое к ней. Нет, это был не Дэйвид. Это была пожилая дама, спрашивавшая, занято ли место рядом с ней. Пока дама присаживалась рядом, Мэри снова повернулась к окну, и её прошиб озноб: она заметила ярко-жёлтую машину Дэйвида прямо рядом с автобусом, в котором она ехала. Вы можете себе представить её шок и потрясение, когда она увидела самого Дэйвида, сидящего за рулем этой машины…

Когда вы визуализируете правильно, как я объясню через минуту, вы активизируете мощные мысли, связанные с сильными эмоциями, которые будут заставлять ваше подсознание следовать любому направлению, способному пресечь ваш обыденный путь, чтобы воплотиться. Вы будете непреднамеренно думать об этом, говорить об этом, действовать в соответствии с этим и посылать сильные энергетические вибрации и мозговые волны, собирать необходимую информацию, притягивать запланированные предметы и людей, которые могли бы помочь вам достичь вашу цель, и сделать её своей реальностью быстрее, чем вы думаете.

Итак, правильный способ визуализации — сделать её достаточно *сильной* чтобы привязать к ней чувства и энергию, а не просто «видеть» в уме.

Как можно это сделать?

Визуализируйте всеми пятью чувствами.

Звучит просто, но когда большинство людей визуализируют, они используют только «глаза» своего разума.

Подумайте вот о чём: когда вдруг вы чувствуете запах, знакомый вам откуда-то или от кого-то из вашего прошлого, он пробуждает сильные чувства, связанные с этим событием или человеком, не так ли? Сначала элемент неожиданности, затем понимание того, что оно вам знакомо, затем чувства, связанные с человеком, местом или событием, которые произошли в последний раз, когда вы нюхали данный запах. И, наконец, если вам повезёт, — осознание того, *что* именно этот запах напомнил вам, и отсюда - ассоциации или воспоминания, которые у вас связаны с этим запахом.

По этой же причине некоторые продукты и конфеты имеют «вкус детства». Потому что они связаны с воспоминаниями и эмоциями, которые у нас остались из детства, когда мы их ели в последний раз (или ели в большом количестве!).

Наши чувства тесно связаны с нашими ощущениями. Поэтому, когда вы визуализируете всеми пятью чувствами, у вас больше шансов создать более сильные мысли и чувства, чтобы притянуть их к себе.

Как визуализировать всеми пятью чувствами, спрашиваете вы?

Вот как: когда вы визуализируете:

- Зрение — постарайтесь *увидеть* событие в *ярких* образах. Представьте себе *цвет* вашего автомобиля, свои руки на руле, своё идеальное отражение в зеркале, каждый уголок дома вашей мечты, вид с балкона того отеля, в котором вы живёте во время отпуска вашей мечты и т.д. Будьте скрупулёзно сосредоточены. Учитывайте каждую деталь. Чем больше деталей вы добавите в своём воображении, тем сильнее будут становиться чувства, и тем больше их вы притяните.

- Слух - *услышьте* все звуки, которые могут быть связаны с событием: смех людей на мероприятии, шум волн в отпуске, звук мотора вашего автомобиля, услышьте голос члена вашей семьи, поздравляющего вас о вашим достижением (приобретением), и т.д.

- Запах - почувствуйте *запах* нового кожаного дивана в вашем новом доме, запах морского прибоя или любой другой запах, который может присутствовать в случае осуществления вашей мечты.

- Вкус - почувствуйте великолепный *вкус* торта, который вы получили, чтобы отпраздновать своё достижение, вкус поцелуя идеального супруга, вкус коктейля, который вы пьёте в отпуске, и т.д.

- Прикосновение - *почувствуйте* руки любимого супруга обнимающего вас, почувствуйте, как вы касаетесь его своей протянутой рукой, ощутите прикосновение удобных сидений в вашей новой машине, почувствуйте ветер в ваших волосах на тропическом пляже.

Как видите, во всех этих описаниях я говорила о *событии*, а не об объекте. Даже если то, чего вы хотите, является материальным, обязательно представьте себе, что вы что-то *делаете* с этим объектом, используете этот объект, *щупаете* его своими руками. Как я уже упоминала ранее, всё, чего вы хотите достичь, вам хочется из-за того, как это заставит вас *чувствовать*, а не потому, что это то, чем оно является. Поэтому не забудьте визуализировать себя, живущего этим, а не только сам объект. Объект может находиться как в магазине, так и в чужом владении. Вы должны представить, что оно является *вашим*!

Самое важное, что нужно сделать при визуализации всеми пятью чувствами, — это обрести то *чувство*, которое возобладает вами, когда вы это получите в реальности.

Представьте себе и почувствуйте радость обладания этим, жизнь с этим или переживание этих чувств - *Сейчас*!

Если вы визуализируете и испытываете чувство в роде «я бы хотел, чтобы это было у меня» или даже «однажды я буду…», тогда вы сосредотачиваетесь на его *отсутствии*, а также на *нужде* и *желании* этого — поэтому это и будет то чувство, которое вы будете продолжать испытывать и в котором останетесь застрявшими.

Обязательно почувствуйте, что значит, иметь, делать и быть этим в *данный* момент. Если вы всё делаете правильно, вы должны почувствовать, что вам это больше не *нужно* и как-будто вы этого уже не так сильно *хотите* - потому что оно у вас *уже есть*! Оно ваше! Чувство желания и нужды сменится чувством удовлетворения, счастья и достижения, радости —

потому что именно так вы будете себя чувствовать, когда получите это.

Ещё одна вещь, которая произойдёт, когда вы увидите свою мечту в ярких образах всеми своими чувствами, это то, что вы можете увидеть вещи, о которых вы не думали, когда вы просто думали об этом как о более широкой, расплывчатой картине. Маленькие детали, которые могут направить вас к тому, что вы можете *сделать*, чтобы воплотить это в жизнь.

Большую часть времени, когда вы думаете о чём-то, чего хотите, вы, естественно, больше сосредотачиваетесь на ощущении нехватки этого, желании или *потребности* в этом. Но эти чувства являются негативными эмоциями, которые, вероятно, заставляют вас грустить, расстраиваться, или просто перестать *позволять* себе даже думать об этом, так как вы либо не видите, *как* это может произойти для вас, либо считаете, что это слишком сложно, или потребует слишком много времени, денег или усилий.

Когда вы визуализируете все детали вместе с ощущением того, что оно *уже* у вас есть сейчас, оно не разочаровывает или расстраивает вас, а скорее делает воодушевленными, мотивированными, вдохновлёнными и «загоревшимися» для достижения своей цели. Ощущение что оно у вас уже есть, заставит вас рассмотреть детали которые вы, возможно, упускали из виду, когда думали об этом изредка или в целом. Вы можете увидеть детали и людей вокруг вас, когда вы визуализируете, которые подскажут и приведут вас к вашему первому необходимому шагу.

Таким образом, визуализация всеми пятью чувствами создаст более сильные мозговые волны и более мощное магнитно-привлекательное энергетическое поле вокруг вас, что поможет вам не только быстрее осуществить свою мечту, но и почувствовать себя более счастливым и позитивно заряженным человеком.

Теперь, когда вы знаете, как эффективно визуализировать таким образом, чтобы придать гораздо больше силы энергии притяжения, излучаемую вами, чётко представляя себе свои цели и желания, вот что я рекомендую делать, просматривая список целей, которые вы создали. в главе 5:

Найдите хорошее время (имейте в виду, «хорошее время» — это когда *вы* его таковым *сделаете*), расслабьтесь и просмотрите свой список один за другим. Прочтите каждую цель вслух или мысленно, а затем потратьте несколько секунд (или минут, как вам удобно), чтобы визуализировать эту конкретную цель всеми пятью чувствами. Вы можете сделать это, закрыв глаза, лёжа или просто глядя в пустое место в комнате. Плывите по течению своего разума и задерживайтесь на каждой цели столько, сколько, по вашему мнению, необходимо, чтобы как можно больше воодушевиться этой целью, а затем переходите к следующей и повторите то же самое.

Визуализируйте каждую цель в полной мере, а затем высвободите в свой день ту положительную энергию, которую вы накопили в результате этого упражнения. Посмотрите, насколько это улучшит ваш день и неделю!

Постарайтесь повторять это как можно чаще, хотя бы раз в неделю.

Теперь, как и было обещано, позвольте мне познакомить вас со способом сделать вашу визуализацию ещё сильнее, эффективнее!

Глава 23

Как подпитывать вашу визуализацию

«Воображение — это всё.
Это предварительный просмотр грядущих событий жизни».
-Альберт Эйнштейн

Позвольте мне дать вам мощный инструмент, который подпитает вашу визуализацию и сделает её еще более увлекательной.

Вы когда-нибудь слышали о термине «притворяйся, пока не добъёшься»? (Английское выражение "fake it till you make it")

Этот термин имеет несколько негативный оттенок. Услышав его, вы можете подумать о сложной ситуации, через которую нужно пройти, а чтобы с ней наконец покончить, нужно просто принять её как есть, насколько это возможно.

Или вы можете представить себе ситуацию, когда вам что-то или кто-то не нравится, и вам нужно притворяться что это не так, до тех пор, пока оно или они вам действительно начнут нравиться.

Однако я говорю о том, чтобы делать что-то полезное для вас, пока вы к этому не привыкнете и не захотите принять данную ситуацию к действию и таким образом выработаете здоровую привычку.

Я говорю о попытке не зацикливаться на плохих вещах, оставлять их позади, пока они не перестанут воздействовать на вас и иметь вес в вашей жизни.

Я говорю о том, чтобы удерживать видение в уме и действовать в соответствии с ним, пока вскоре оно не станет вашей реальностью.

Некоторые из крупнейших писателей и мудрых ораторов по самосовершенствованию называют это «действовать как будто бы (оно уже существует)».

«Действовать как будто бы» означает не только визуализировать, как вы живёте своей мечтой, но и *действовать* соответственно вашей цели.

Когда ваша мечта сбудется, это, скорее всего, повлияет на вашу жизнь, иначе вы бы этого не хотели. Так что, по сути, то, что вы хотите, это не просто предмет или событие, а *образ жизни*. Образ жизни который отличается от нынешнего в лучшую сторону!

Когда вы меняете образ жизни, вы меняете свои ежедневные привычки, людей, окружающих вас, ваш образ мышления и многое другое.

Спросите себя - как бы вы стали себя *вести*, достигнув своей цели? Каким будет ваш образ мышления? Как

бы вы себя преподносили? Вы бы *одевались* по
-другому? *Разговаривали* по -другому? *Представляли* бы
себя обществу как-то по-другому?

Действуйте так *сейчас*! Говорите так *сейчас*! Ведите себя
именно так! Делайте всё, что вы будете делать, когда
эта мечта сбудется, и поступайте так здесь и сейчас!

Следуйте моему совету и вы убедитесь, что такие
тренировки не только приведут вас в соответствие с
вашим желанием, но и доставят вам хорошее
настроение и заставят ваш мозг собирать необходимую
информацию, чтобы увидеть возможности, которые
вам могут понадобиться для её достижения!

Это также сподвигнет других вокруг вас относиться к
вам так, как если бы вы уже достигли прекрасного
результата! В итоге вам представится необходимая
информация и инструменты, которые могут
понадобиться вам в реальности для достижения ваших
целей. Информация которую в противном случае
окружающие бы иначе не думали или не
почувствовали необходимость или желание
предоставить вам, таким образом помогая вам
испытывать чувство уверенности в правильности
выбранного пути - точно так же, как мы говорили в
главе о том, как сделать себя высококлассным
человеком.

Успех состоит в том, как вы
представляетесь окружающим и держите себя, в
дополнение к тому, как вы относитесь к себе и другим.

Действуя «как будто», вы будете генерировать
подобную атмосферу, как и визуализация всеми пятью
чувствами, только более *реальным* образом. Это может
заставить людей, окружающих вас, относиться к вам

так, как вы всегда хотели, чтобы они относились к вам, и заставить вас видеть вещи в лучшем свете, поможет вам генерировать ощущение, что вы уже достигли вашей цели, в отличие от чувства её недостатка.

Некоторые люди получают большое удовлетворение от такого тренинга, им даже кажется, что это и есть всё, что им было нужно всё это время, а не сама мечта, которую они думали, что хотели осуществить. Так же, как мы говорили в главе 3: «Вы уверены, что это ваша цель?»

Давайте рассмотрим несколько примеров:

Если ваша цель состоит в том, чтобы похудеть, то образ жизни, который вы должны соблюдать, это здоровое питание, тренировки, уверенность в себе и покупка одежды меньшего размера. Потому что это как раз то, что вы бы делали, когда достигнете конечной цели. В результате начиная вести такой образ жизни, вы почувствуете мотивацию вписаться в свою новую одежду меньшего размера. Будучи уверенными в себе, вы можете привлечь людей с той же целью или стилем жизни, облегчая таким образом и им, и себе путь поддержания такого образа жизни, а здоровое питание и тренировки определенно приведут вас к цели.

Если ваша цель состоит в том, чтобы получить повышение на работе с лучшей должностью - надевайте костюмы подобные тем, какие носят люди выше вас по должности (конечно, это зависит от вашего места работы… Если вы работаете строителем или уборщицей, не надевайте костюм - боюсь не сработает). Начните вести себя с достоинством, подобно менеджеру, разговаривать и ходить как подобный. В результате, люди станут относиться к вам с уважением, оценивая ваше внимание к ним. Они

будут чаще обращаться к вам за помощью или
советами, поскольку вы проявляете больше знаний и
инициативы. То, как вы одеваетесь и действуете,
может произвести впечатление на вашего босса и
побудить его видеть в вас достойного менеджера, в то
время, как прежде было бы трудно представить вас в
этом качестве - докажите, что ваш босс ошибался!
Покажите всем, что вы можете! Другой вариант
заключается в том, что, вполне возможно, кто-то
совершенно другой, помимо вашего нынешнего
начальника, может увидеть в вас высокий потенциал и
предложить вам выгодную должность, или
рекомендовать вас кому-то, кому может понадобиться
инициативный сотрудник, вроде вас.

Если ваша цель состоит в том, чтобы найти свою
половинку или идеального партнёра - одевайтесь так,
как вы бы одевались, направляясь к ним на свидание,
освободите место в своём шкафу для ихней одежды,
спите только на одной стороне кровати, как и будет,
когда вы будете реально с любимым человеком. Это не
только подготовит вас к тому, когда они войдут в вашу
жизнь, что облегчит переход к жизни с партнёром и
сделает вас более подготовленными, но и заставит вас
стать более привлекательным и наиболее возможным
«партнерским материалом», дать им значимый
шанс по-другому взглянуть на вас, если они уже в
вашей жизни или когда они появляются (потому что
они прямо за углом!). Действуя так, также заставит вас
перестать чувствовать себя такими одиноким,
нуждающимися и отчаянным, как вы возможно
чувствуйте себя сейчас - (качества, которые не
привлекательны), но, скорее, иметь упор уверенности в
себе. И мы уже упомянули, насколько привлекательно
это кажется в глазах окружающих…

Во всех вышеперечисленных примерах вы также будете притягивать людей, события и обстоятельства, которые соответствуют вашей энергии, потому что именно так работает энергия.

Звучит логично? Хорошо. Теперь перейдём к небольшой письменной задаче. Мы давно этого не делали.

Напишите сценарий своей жизни, так как вы хотите чтоб она выглядела, как будто оно уже так и есть. Займите столько пунктов, сколько захотите. Убедитесь, что вы включаете каждую область своей жизни: финансовые, психические, духовные, хобби, любовь, отношения, карьера, свободное время, отпуски и путешествия, здоровье и вес, повседневные занятия, дом, материалистические объекты, сообщество и область вашего места жительства, люди, которые окружают вас, и добавьте ещё всё, чего вам очень хочется.

Помните - чем больше деталей вы добавляете, и чем более яркие ваши описания, тем больше это поможет вам создать ощущение обладания этим в настоящем.

Как только вы закончите, прочитайте ваш сценарий. Затем, отпустите его в свой день и действуйте, как будто это уже ваша реальность.

Попробуйте. Это сработало для бесчисленного количества людей, включая меня.

Имейте в виду, действуя «как будто», это не единственное действие, которое от вас потребуется, чтобы достичь вашей цели. На самом деле, это даже не считается реальной задачей.

Готовы к последней части формулы треугольника притяжения?… Поехали!

Часть 3 - Действуй

Глава 24

Вот что удерживает вас на месте

Когда люди находятся в своей зоне комфорта, они чувствуют себя непринуждённо, контролируют окружающую среду и испытывают низкий уровень тревоги и стресса. Уровни производительности устойчивы в этой зоне.

По мере того, как мы продвигаемся по жизни, мы формируем привычки, «безопасные» области, удобные места и отношения, а также знакомые события и окружающую среду.

Вам нужно понять, что если вы продолжаете делать то же самое, что делаете, общаться с теми же людьми, которых вы знаете, ходить по тем же местам, где вы ходите, и приобретать то же самое, что вы покупаете, - тогда вы будете продолжать получать те же самые результаты и оставаться там, где вы находитесь.

В качестве примера: если вы одиноки и, похоже, не можете найти подходящего партнёра, оглянитесь на последних нескольких человек, с которыми вы встречались или были в отношениях - ищите шаблон. У всех у них, вероятно, есть что-то (или *много* чего) общее, и это явно не работает на вас. Если вы продолжаете встречаться с теми же типами людей, вы будете продолжать разочаровываться, чаще всего - по тем же причинам.

Если вы посадите те же семена, вы будете продолжать получать те же растения.

Если вы хотите новые и разные растения - измените семена.

С другой стороны, если в вашей жизни есть область, которой вы очень довольны - не меняйте её. Если вы довольны результатами, то вы, вероятно, делаете что-то правильно. Продолжайте сажать одни и те же семена, потому что «если оно не сломано - не чините».

В предыдущей главе мы говорили о части «действие, как будто», в процессе визуализаций, и мы затронули тему о том, как она может изменить вашу жизнь, предоставив вам новые возможности, связи и идеи, просто *действуя* так же, как вы будете действовать, когда исполнится ваша мечта.

По сути, это замена вашей рутины чем-то другим, ближе к тому, чего вы *хотите*.

Другими словами, оно расширяет вашу *зону комфорта*.

У всех нас есть привычки. У всех нас есть зона комфорта, где мы чувствуем себя удобно - расслабленными и уверенными в себе. Область, с которой мы *знакомы*.

Вы сами знаете, что у вас есть такая область. Ваш дом, ваша работа, люди, которые регулярно окружают вас, ваш любимый продуктовый магазин, несколько ресторанов, в которые вы предпочитаете ходить, очень узкая и конкретная область хобби, которое вы практикуете уже много лет, ваш район, ваш конкретный стиль одежды и т.д.

Выйти из этой зоны комфорта нелегко. На самом деле, это может быть даже очень неудобно и сложно. Но это необходимо, чтобы *изменить* обстоятельства, которые вас окружают, и получить разные результаты, которые приведут вас ближе к вашей мечте, в которой вы чувствовали себя неловко, даже думая о ней!

Если вы выполнили задачу в главе 4 - «Цельтесь выше» и выбрали большую цель, чем то, что вы изначально имели ввиду, когда начали читать эту книгу, тогда вы, возможно, почувствовали небольшой дискомфорт, может быть, даже небольшой страх и волнение при записи своей новой, большой цели. Это естественно. На самом деле, как я упоминала ранее, если это не так, то вы, значит, не стремились достаточно высоко.

Причина, по которой вы чувствуете себя таким образом, в том, что оно выходит из вашей зоны комфорта. Итак, чтобы добраться до истинной мечты, вам нужно выйти за пределы своей зоны комфорта. Потому что ваша цель не внутри этой зоны, а *вне* её.

Важно упомянуть, что вам не нужно менять все вышеупомянутые области жизни. Я освещала многие из них, как примеры, чтобы, по крайней мере, один или два из них, соответствовали бы области *вашей* жизни, которые должны быть расширены для достижения вашей цели. Само собой разумеется, что если вы довольны определённой областью вашей жизни - вы не должны её менять. Сосредоточьтесь на тех областях, которые вы хотели бы улучшить:

Если вы ищете любовь своей жизни - расширяйте свои отношения, круг друзей, область общения и места посещения.

Если вы хотите увеличьте свой бизнес - растягивайте свой сетевой потенциал, информационные ресурсы и так далее.

Если вы ищете дом своей мечты и до сих пор не смогли найти его - вам придётся раздвинуть область, в которой вы ищете, узнать больше компаний по недвижимости, с которыми вы связаны, сайты, которые вы исследуете, или ваш бюджет.

В главе 13 «Всё может быть по-другому», я объяснила, что есть определённые вещи, которые продолжают происходить (присутствовать) в вашей жизни, только потому что вы не можете видеть, как они могут быть по-другому, или просто никогда не осмелились даже попытаться увидеть… Посмотрите на свою жизнь, на все события или приобретения, которых вам бы не хотелось, но они есть в вашей жизни и существуют потому что это единственный способ, вашего собственного понимания уклада жизни и потому что у вас есть вера, что «так оно и есть». Вы, вероятно, окружены людьми, у которых те же взгляды на эту проблему и у которых те же жалобы, (задумайтесь об

этом на минуту.) или сочувствуют и соглашаются с
вами по темам которые вам не по нутру или которыми
вы недовольны.

Изучите людей, у которых есть то, чего бы вы хотели.
Окружите себя успешными, счастливыми людьми, у
которых есть то, что вы хотите (практически и в
физическом мире), изучайте их и слушайте их пути по
которым они добрались туда, где сейчас находятся.

Важно отметить, что выйдя из вашей зоны комфорта,
поначалу вы можете чувствовать себя странно, и не
обязательно захватывающе или хорошо. Это ваш мозг
в работе. Сначала он, возможно, отвергнет ваш ход,
потому что ваше тело и мозг к этому новому пути не
привыкли. Но это нормально, это часть процесса.

Позвольте мне объяснить это с помощью одной
историеии:

Эйва в юности училась в балетной академии. Всю свою
жизнь она работала и выступала, как танцовщица
балета. Когда она переехала в новый город, она
пыталась найти путь, по которому продолжится её
карьера на новом месте. Но поскольку здесь балет был
не таким актуальным и популярным, как в её родном
городе, она расстроилась, пытаясь найти работу,
занимаясь тем, с чем она знакома и что она любит. Не
имея большого выбора, она работала на разных
случайных работах, которые часто были физически и
умственно утомляющими, а иногда даже унизительны.

Как бы то ни было, Эйва продолжала рассматривать
старые фотографии своих выступлений, показывая
видео кассеты своих выступлениях своей дочери,
продолжая надеяться найти что-то в своей области и
профессии.

И вот однажды Эйве представилась такая возможность. Её знакомая случайно увидела объявление о том, что в Конференц-центре требуется учитель балета для детей. Но Эйве не понравилась эта идея. Она слышала, что балет в городе был не таким профессиональным или классическим, каким был в её прошлом. Место предполагаемой работы было слишком далеко от дома. Кроме того, у неё никогда не было достаточно терпения для детей, она чувствовала себя не ловко в их шумной, необузданной компании. Это было не то, что она искала. Она хотела стать исполнителем, а не учителем детей.

Учитывая то, что место, на котором она работала в то время было далеко не идеальным и даже не близко к её профессии, а также заработка ей не было достаточно на проживание, она решила согласиться на одноразовый, пробный урок, просто чтоб попробовать.

Как бы она ни нервничала заставляя себя идти в этот конференц-центр, она никогда бы не догадалась, насколько довольной она выйдет в тот день с того урока.

Она поняла, что ей действительно нравится не очень строгие методы работы в этом учреждении, рачительно отличающиеся от строгого пути, которому она сама была обучена. Дети были застенчивыми и довольно послушными, с интересом воспринимали её советы, и ей понравилось то, что она, наконец, смогла почувствовать себя профессионалом, работая в своей области знаний, где она чувствует себя комфортно, когда на неё смотрят как на знающего своё дело человека.

Эйва до сегодняшнего дня работает преподавателем балета для детей и подростков. Её восхищают одарённые ученики, её уважают эти молодые люди и их родители, она получает от них цветы и подарки по праздникам и соревнованиям. И даже когда у неё неприятные дни на работе, конфликты с другими сотрудниками или другие проблемы, дети, с которыми она работает, поддерживают в ней силу духа, сохраняют её хорошее настроение и заставляют любить свою работу.

Если бы она не воспользовалась тем шансом, который был ей представлен, отклонила бы его, потому что это было вне её зоны комфорта, или ей бы тогда не показалось, как путь к её истинному желанию - она бы не построила карьеру из этого, и не узнала бы эту другую, новую сторону себя, которая ей теперь действительно нравится, и в которой она так хорошо себя чувствует.

Мне нравится Эйвина история, потому что она показывает, как один простой шаг из вашей зоны комфорта может привести вас в совершенно новое и захватывающее направление, о котором вы возможно, даже и не думали.

Заметьте, вам не хочется *выпрыгивать* из своей зоны комфорта. Это было бы слишком ошеломляющим и неудобным для вас. Ваше тело, вероятно, отвергнет такое действие, достаточно чтобы сделать шаг назад, к исходной позиции. Решение состоит в том, чтобы медленно *расширять* зону комфорта. Примите небольшие порывы к расширению её.

Вот вам задание на эту неделю: попробуйте что-нибудь *новое*. Поставьте перед собой задачу сделать то, чего не делали раньше, в течение следующих семи дней. Это может быть что угодно: приготовление нового блюда, посещение нового места, поиск нового плейлиста или выбор нового маршрута на работу!

Есть, однако, некоторые заблуждения о растяжении вашей зоны комфорта и о том, что она точно означает.

Давайте посмотрим на этот аспект немного поближе.

Глава 25

Когда правильно расширять зону комфорта?

Люди ненавидят перемены. Некоторым это в какой-то степени нравится, другие полностью этому сопротивляются.

Вы уже знаете историю о том, как я бросила свою работу, начала прежнюю карьеру и переехала в большую квартиру. Но вы ещё не знаете, что всё это произошло одновременно, со многими другими важными решениями, принятыми мной, как часть выбора выйти из своей зоны комфорта.

Раньше я была одним из тех, кто сопротивляется изменениям любой ценой. Не знаю почему. Может быть, я боялась неизвестности, может быть, я слишком привыкла к своей не меняющейся реальности, или, может, повлияло то, как я выросла в детстве, это был очень устойчивый образ жизни, так как у нас не было большого выбора или ресурсов, чтобы что-то в жизни менять к лучшему.

Я работала на одном и том же месте в течение 7-и лет, без перспектив на будущее. Я была в сомнительных, и не серьёзных отношениях, один за другим, и жила в маленькой квартире с одной спальней, одна. Я постоянно отказывалась от любых предложений о путешествиях, тусовках или отпусках - и всё это из-за страха встречи с новыми людьми или чего-то незнакомого, заставляя себя оставаться дома большую часть времени. У меня всегда было сильное чувство внутри, что я нахожусь не там, где я должна быть в жизни, что меня ожидает кое-что другое, и что я не полностью использую свой потенциал. Но я не знала, что я неправильно делаю и почему я чувствую себя застрявшей.

Только в 2019 году я прочитала несколько книг по самопомощи, а также познакомилась с совершенно другим образом жизни, отличающимся от моего, встречаясь с людьми, с которыми я раньше никогда не думала общаться.

И как раз в это время, после прочтения и изучения о важности расширения зоны комфорта, я поняла, что у меня были очень сильные преграды, выстроенные мною в течение длительного периода времени в попытке построить себе самооборону и комфорт, которые с каждым годом становились всё крепче и выше, замыкая меня в замкнутом кругу.

И пришло время сломать эти стены.

Но я не делала это медленно, так как посоветовала делать вам... Я была настроена слишком решительно. С меня было достаточно. Я видела, что можно жить абсолютно по-другому, и я хотела, чтобы всё по-другому было и у меня.

Поэтому я сломала свои стены зоны комфорта быстро и напористо.

Я помнила, что всегда могу вернуться туда, где я нахожусь в данный момент, или где я была раньше. Я помню пути, необходимые для того, чтоб добраться туда. Я там уже была. Я уже однажды попала туда. Я не могу идти ниже. Я могу только идти вперёд и вверх.

Таким образом, в течение нескольких месяцев, я внесла несколько больших изменений и решений, которые позже изменили мою жизнь в лучшую сторону.

Я не задумывалась, не догадывалась, не сомневалась, не оглядывалась назад, и не думала о том, как. Я сосредоточилась только на том - что.

Я «удочерила» для себя лучшую «подругу на четырех лапах» - мою собаку, Кали, которая напрочь уничтожила моё чувство одиночества, с тех пор (владельцы собак поймут), я поступила в школу дизайна внутреннего интерьера, я оставила свою квартиру с одной спальней и переехала в другой город, в котором я никогда не была раньше, в 3-комнатную квартиру, с двумя туалетными и с балконом. Я уволилась с работы где проработала 7 лет и открыла свой собственный бизнес, оставила в прошлом любые обиды, вину или гнев, и говорила «ДА» на *любое* предложение о поездках, путешествиях или отпусках с друзьями и семьёй.

В результате, менее чем за год у меня наладился успешный бизнес, я удвоила свой доход, посетила 4 страны в течение нескольких месяцев, впервые в моей жизни каталась на лыжах (очень медленно и на совсем небольшом холме, но эй - опыт есть опыт, верно?), познакомилась с новыми людьми, получила диплом дизайнера интерьера и многое другое.

Я составила список своих целей и мечтаний, и первое, что я написала, на вершине списка, - это встретиться с человеком, обладающим родственной душой. Затем, как *я вам* советовала, я тоже спросила себя - что будет даже лучше, чем это? Как я могу быть более конкретной в том, что я хочу? Поэтому я переписала этот пункт, придав ему такую форму: «Познакомиться с человеком моей родственной души, иностранным, англоязычным парнем, которого я буду всем сердцем любить и чувствовать себя глубоко любимой».

Причина, по которой я написала «иностранный» - заключается в том, что это была часть моего выхода за пределы зоны комфорта. Я помнила, что знакомства с местными мужчинами раньше не дали оптимальных результатов для меня, и, значит, что-то в этом было неприемлемо для меня. Причина, по которой я написала «англоязычный», заключалась в том, что это единственный иностранный язык, на котором я чувствую себя уверенной, на котором мне комфортно общаться, в той области, где я жила в то время. Итак, знакомство с англоязычным партнёром означало для меня кардинальный выход из моей зоны комфорта.

Когда я написала это, я хихикнула, а затем подумала про себя: «Ну, в конце концов, мне нечего терять. Никто не должен об этом знать, эти записи, кроме меня, никто не читает. Шансы, что я встречу кого-то подобного, а также он будет моей родственной душой и мы найдём между собой сходство, вероятно, близки к нулю. Но!… Не было бы здорово?»…

Как упоминалось ранее, я сказала себе, что если я буду стремиться к высшим звёздам, я смогу достичь хотя бы луны. Итак, во время написания этой цели я подумала про себя, что, вероятно, смогу достичь чего-то другого и достаточно близкого, если не конкретно этого.

Позже, в том же году, когда КОВИДная пандемия пошла по всему миру, и я поняла, что будет трудно встретиться с кем-либо, будучи в постоянном карантине, я решилась использовать шанс на виртуальные знакомства, хотя раньше была категорически против них, по многим причинам. Сайты знакомств были выходящими из моей зоны *комфорта*. Они заставили меня чувствовать себя ущемлённой, и я вообще не верила в них. Понимая, что выбора не так много, учитывая обстоятельства, я подумала, что сделаю это просто на всякий случай, из любопытства. Не думая *совсем* о поставленной перед собой несколько месяцев назад цели, я решила открыть приложение для международных сообщений, и приняла это решение за день до того, как сдалась и удалила приложение. «Каковы шансы даже найти иностранного *друга* из-за рубежа?! Особенно во время пандемии… » - подумала я.

В тот день я начала беседовать с англоязычным парнем из Соединённых Штатов. Хотя несколько дней спустя я удалила приложение, как и планировалось, но с этим человеком сохраняла связь ежедневно, по другим каналам. Удивительно, но в ходе наших бесед мы нашли очень много общего…

Этот парень - теперь мой муж.

Только через год я решила повторно просмотреть свой список целей, и когда я прочитала первый пункт, у меня побежали «мурашки» по коже. Я ведь совершенно забыла, что когда-то поставила перед собой эту цель. Я была настолько занята и отвлечена другими рутинными делами, да и в то время, когда я написала эту цель, мне казалось, что это так глупо, что я напрочь забыла об этом пункте своей макси-программы. Но это было имплантировано в моём подсознании. *Это* как раз и подтолкнуло меня открыть приложение на международном уровне в последний момент.

Когда вы записываете свои цели и желания, как я поручила вам сделать в главе 5, а затем переписываете их, нацеленные на более *высокие цели*, обязательно *расширьте зону комфорта*! Подумайте о том, что было бы идеальным для *вас*, даже если вы не видите, как это может произойти.

Обратите внимание на то, что я чувствовала, когда решила присоединиться к приложению для знакомств, хотя я была категорически против этого годами: я чувствовала себя игривой. Я приняла решение сделать это игрой, просто для развлечения, чем-то, над чем можно посмеяться со своими друзьями. Я не чувствовала себя ни перед кем обязанной, вынужденной, раздраженной, безумной, или отторгнутой.

Это важный ключ для понимания при расширении вашей зоны комфорта.

При этом вы будете чувствовать себя несколько неудобно - признак того, что вы сейчас находитесь *вне* зоны комфорта, к чему вы привыкли. Но это не должно вас раздражать и давать повод для *плохого* самочувствия. Существует определённое ощущение зоны некомфорта, и существует неудобное ощущение вашего самочувствия, указывающего на опасность, дискомфорт, неприятности и т.д.

Как разглядеть разницу между ними?

Когда вы увеличиваете свою зону комфорта, наряду с дискомфортом, вы должны чувствовать сильные эмоции волнения, веселья, любопытства, счастья, радости, острых ощущений, мотивации, вдохновения, надежды и немного страха. Чувства, которые порождают ощущение бабочек в животе.

Другими словами, если вы немного напуганы, но очень взволнованы - это указывает на то, что вы находитесь на правильном пути!

Когда ваше тело и разум пытаются *защитить* вас, дискомфорт будет связан только с негативными чувствами, такими как беспомощность, грусть, гнев, обида, стыд, пустота, тошнота и/или *повышенное* чувство страха.

Если вы чувствуете себя так, то вы не на правильном пути.

Выход за пределы вашей зоны комфорта призван приблизить вас к вашему желанию, принести вам новые *хорошие* эмоции, возможности и опыт, открытые двери и заставлять вас достичь новых высот. И ни в коем случае не подвергать вас опасности и не заставлять вас делать то, что не нравится вам или чего вы не желаете.

Знайте различие между ними.

Доверьтесь своей интуиции.

Когда дело доходит до расширения вашей зоны
комфорта, есть несколько способов начать это делать.
Позвольте мне показать вам лишь некоторые из этих
способов…

207

Глава 26

Как расширить свою зону комфорта

Ставить большие цели, действовать так, как будто, визуализировать по-крупному и расширять свою зону комфорта — всё это идёт рука об руку.

Давайте посмотрим, что мы узнали на данный момент: когда вы ставите перед собой большую цель, чем когда-либо позволяли себе, вам нужно *визуализировать*, чтобы увидеть все детали и возможные зацепки. Когда вы визуализируете, вы должны испытать *чувства*, связанные с этой мечтой, и настроиться на неё, чтобы излучать необходимую энергию, соответствующую ей. Когда вы визуализируете, вы также должны *действовать* в соответствии с этим и делать всё то, что вы бы сделали, когда это станет вашей реальностью. В противном случае, вы останетесь на месте с теми же результатами. Чтобы сделать это, вы должны расширить свою *зону комфорта*, для того, чтобы выйти за пределы своих нынешних границ, которые вы выстроили вокруг себя на основе вашего прошлого опыта и убеждения.

Воспринимайте это всё, как необходимый *процесс*.

Когда вы начнёте выходить за пределы своей зоны комфорта, перед вами откроются новые возможности. Это неизбежно.

Если вы отправитесь на работу новым маршрутом, вы увидите вывески и рекламы, которые раньше не замечали, и это может натолкнуть вас на новые идеи. Вы увидите новые пейзажи, которые могут вдохновить вас на то, о чём вы раньше не думали.

Если вы посетите новый ресторан, вы можете попробовать новую кухню, которая вам неимоверно понравится, которая может изменить всю вашу диету и открыть для вас новый способ питания. Вы можете встретить новые лица, услышать новую музыку, которая может вам понравиться, и увидеть новый стиль мебели, который вы бы хотели приобрести для своего дома.

Любые новые и разные шаги, которые вы предпринимаете, потенциально могут привести вас, так или иначе, к чему-то новому.

Ключевое слово здесь — *Новое*.

Вы должны быть готовы к тому, что расширение зоны комфорта принесёт с собой *изменения*. И если вы работаете в согласии со своими увлечениями и

внутренним счастьем, вам нужно принять эти
изменения.

Ладно, возможно, я немного пофилософствовала.
Простите - увлеклась.

Попробую объяснить более простыми словами:

Когда вы собираетесь начать делать шаги к своей
цели, меняя вещи в своей жизни, чаще всего чувство
дискомфорта исчезнет, как только вы сделаете самый
первый шаг, и сменится ещё большим чувством
волнения и энтузиазма, чтобы вдохновлять вас
двигаться вперёд.

Когда вы держите в уме образы того, чего хотите,
доверяете своей интуиции и движетесь к этому, ваше
подсознание будет искать возможности и действовать в
соответствии с этими образами, независимо от того,
осознаёте вы это реально или нет. Вокруг вас будет
расти энергетическое поле, с помощью которого вы
будете притягивать людей и обстоятельства.

Некоторые из перемен, которые будут представлены
вам, могут вызвать у вас некоторый страх, когда вы
приблизитесь (и выйдете за пределы границ вашего
комфорта и вашего «нормального» образа жизни).

Повторю - до тех пор, пока это *не* связано с сильными
чувствами сожаления, зависти, вины и зла - знайте, что
это нормально, и это часть процесса. Ваш мозг
подчёркивает, что это что-то необычное для ваших
нормальных границ. Эти чувства не должны быть
долговременными.

Итак, когда вас подталкивают к вдохновенным
действиям или вам предоставляется возможность,
насколько бы она ни отличалась от того, к чему вы

привыкли, — примите перемены ,как неопровержимые и необходимые новые свойства вашего бытия.

Вместо того, чтобы позволить страху перед неизвестностью овладеть вами и отвергнуть данную возможность, найдите возможности и позитив в переменах! Подумайте обо всех моментах в своей жизни, когда вам приходилось пробовать что-то новое, но позже оно привело вас к чему-то великолепному!

Дайте мне возможность пояснить это на примере:

Допустим, вы выбираете новую карьеру, и в рамках задачи по расширению зоны комфорта вы исследовали другие города, которые имеют больше и крупнее возможностей для достижения успеха в вашей области, и обнаружили, что у вас больше шансов в другом городе, который находится дальше от места вашего проживания. Незнакомый вам город.

Вашим первым побуждением может быть отказ от него.

Вместо этого, я советую вам *искать возможности в переменах.*

Изучите этот город, познакомьтесь с его достопримечательностями! Может быть, даже кто-то из ваших знакомых живёт там и может провести вам экскурсию? Может быть, там есть места, которые вам бы очень понравились? Узнайте историю города, поинтересуйтесь, чем он известен больше всего.

Взвесьте все «за» и «против». Какие ещё недостатки вам придётся преодолеть, кроме факта, что вы будете находиться дальше от тех людей, с которыми вы привыкли быть рядом? («Это не то, к чему я привык», кстати, не считается аферой. Помните, что это часть расширение зоны комфорта). Что есть *хорошего* в городе, чего нет у вас на данный момент?

Наконец, посмотрите, сможете ли вы устранить некоторые из недостатков — может быть, попросить друга переехать вместе с вами и начать жить на съёмной квартире, что сэкономит деньги таким образом? Может быть, поищете в новом городе филиал того магазина, который вам нравится? Постарайтесь найти как можно больше положительных преимуществ.

Это был просто пример, но, поверьте, моей маме пришлось сделать невероятно трудный и мучительный шаг в реальной жизни, такой же, как тот, что представлен в примере выше, только гораздо сложнее и ответственнее.

В начале 90-х у неё была я, двухлетний ребёнок, и ситуация в стране, в которой мы тогда жили, была, мягко говоря, нестабильной. Денег не было, еды не хватало, люди жили в нищете, а экономика продолжала падать. Она знала, что должна покинуть это место, чтобы иметь будущее для себя и, прежде всего, для меня. У неё была возможность переехать в другую страну, которая дала бы ей базовую, так называемую «корзину приёма». Корзина приёма - это финансовая помощь от правительства, в течение первых нескольких месяцев после приезда в страну, предназначенная для помощи прибывшим. Она чувствовала, что у неё нет выбора. Она была очень молода, и для этого ей пришлось бы оставить всех своих близких друзей и семью и переехать в совершенно незнакомую страну с неизвестным образом жизни, с новыми для неё обычаями, с другим языком, который кардинально отличался от родного, знакомого ей с детства языка. Это был слепой прыжок в воду в надежде на лучшее будущее. По мере приближения даты полёта она становилась всё более и более нервной, тревожной и грустной. Она не хотела уезжать. Но решение было принято, переезд состоялся.

В течение первых месяцев пребывания в новой стране она уже могла делать покупки с помощью финансовой помощи, заполняя тележку продуктами, как никогда раньше. Она пробовала новые продукты, на которые у неё никогда не было денег, посещала места, которых никогда не видела, и встречала людей, которые пытались помочь своей добротой. Как бы она ни тосковала по дому, её глаза открылись для всех новых дверей, которые только что открылись для неё, и всем возможностям, которые представились.

С тех пор она посетила свой родной город всего несколько раз. С каждым разом, когда она приезжала туда, она всё больше ценила свою новую страну и свой дом в ней. С тех пор она построила карьеру, купила квартиру и вышла замуж. В последний раз она ездила в прошлую страну более 14 лет назад, уже вместе со мной. Мы планировали десятидневный визит. Пробыв там всего семь дней, она сказала: «Всё… Хочу обратно домой». в страну, в которую ей было так трудно переехать и которая стала ей родной.

Иногда шаг за пределы вашей зоны комфорта может быть очень тягостным. Но если ваша интуиция подсказывает вам, что это правильно, поверьте ей и решитесь на ответственный шаг! Это может привести вас к совершенно другому и лучшему образу жизни, о котором вы раньше не знали.

Приведу ещё один пример из своей жизни:

Как вы знаете (или пока не знаете), я - графический дизайнер. Недавно Ai вошел в мир искусства и, похоже, начинает доминировать. (Ai означает искусственный интеллект), точнее, Ai текст в изображение. Если вы не знакомы с этой системой работы, поясню - проще говоря, это технологический инструмент, который генерирует изображения за считанные секунды исключительно по введенному вами краткому словесному описанию, чтобы сообщить, какое изображение вы ищете.

Это заставило многих художников, живописцев и графических дизайнеров задуматься о будущем своей карьеры. Многие отметили, что они уже начинают терять клиентов, поскольку теперь клиенты могут самостоятельно генерировать изображения с помощью Ai, намного быстрее и дешевле, чем когда-либо прежде.

Хотя меня это не испугало, поскольку я предлагаю своим клиентам гораздо больше, чем просто изображения, я не могла на секунду не усомниться в будущем моей карьеры. «Если это так быстро развивается, и мои коллеги уже начинают терять клиентов, кто знает, что готовит ближайшее будущее и что вскоре смогут создавать компьютеры» - подумала я.

Когда я высказала свои сомнения моему дорогому мужу, он посоветовал мне искать преимущества в этом. «Мир развивается,» — сказал он. Это естественно. Научись работать *с* этим, а не против этого. Если это будущее дизайна, то дизайнеры должны использовать это как инструмент, как и всё остальное в технологиях».

Продолжая изучать опыт людей с этим новшеством, я пришла к выводу, что наряду с тем, что некоторые художники потеряли своих клиентов, многие другие не только *приобрели* больше клиентов, но и сделали свой рабочий процесс проще и эффективнее, включив Ai в свою рабочую реальность. Они использовали его в качестве вдохновения, чтобы упростить объединение двух или более других художественных изображений, которые они создали сами, и в качестве основы для своей работы, которую они в дальнейшем изменяли и редактировали. Эти люди решили увидеть в Ai *возможность*, а не угрозу. Пока некоторые отказались от своей карьеры из-за страха потерять работу, другие сочли полезным повысить свои познания в этой области творчества.

Точно так же во время КОВИДа, когда многие люди потеряли работу, другие начали свой собственный, новый бизнес в Интернете и удалённо добились большего успеха и заработали больше денег, чем когда-либо прежде.

Найдите возможность в каждом изменении. Решите для себя, как вы можете извлечь из этого максимальную пользу.

И если изменение на самом деле является большим шагом на пути к вашей мечте, то оно тем более полезно!

Примеры того, что вы можете сделать в рамках «действуй как будто бы» для расширения зоны комфорта:

- Отправляйтесь в места, которые, по вашему мнению, были «вне вашей лиги».

- Загляните в дом своей мечты, когда он открыт для просмотра.

- Возьмите автомобиля вашей мечты на прокат или на тест-драйв.

- Покупайте вещи, которые, как вам казалось раньше, вы не можете себе позволить (хотя на самом деле у вас есть деньги, чтобы купить, или возможность взять кредит, чтобы всё-таки позволить себе приобрести эти вещи).

- Поговорите с той/тем девушкой/парнем, которые вам тайно нравились так долго.

- Запишитесь в школу/программу/курс, который вас интересует.

- Подайте заявку на эту работу!

- Начните свой бизнес!

- Сядьте на этот самолёт в желаемый пункт назначения вместе с любимым человеком.

- Забронируйте этот долгожданный отпуск.

- Напишите тому человеку, чьим успехом вы восхищаетесь.

- Отправляйтесь на это мероприятие!

Если какое-либо из действий, перечисленных выше, заставило вас вздрогнуть, ваше сердце забилось быстрее, ваш ритм дыхания изменился и вызвал улыбку на вашем лице - *сделайте это*!

Если что-то из этого дало вам *идею* или толчок сделать что-то ещё, что вызвало у вас чувства, перечисленные выше - сделайте *то*!

Глава 27

Самое большое препятствие из всех действий и как его преодолеть

Последняя часть книги называется «Действуй». Это то, что *упускают* многие люди, изучая самопроявление или закон притяжения. Они думают, что если представить свою реальность такой, какой они хотят её видеть, этого будет достаточно. И часто, ошибаются.

Вы *можете* притягивать к себе вещи, людей и возможности, только используя силу своего ума и прилагая энергию. Это правда. Но если вы никогда не *воспользуетесь* предоставленными вам возможностями, не будете *действовать* в те моменты, которые вам представились, или не поговорите с теми людьми, которых вы притянули, вы всё потеряете и вернётесь туда, где были прежде.

Визуализация и излучение энергии — лишь инструменты для *притяжения* обстоятельств. Но чтобы привязать их к себе и двигаться вперёд, вы должны ими воспользоваться, или, иначе говоря, - вы должны *Действовать*.

Идеальный супруг, работа вашей мечты, дом мечты или желаемый отпуск - не просто упадут в ваши объятия, если вы будете о них мечтать, сидя на диване.

Теперь, когда вы знаете, что вам нужно действовать, вы должны принять этот факт и быть готовыми к столкновению с помехами и препятствиями.

Мы собираемся рассмотреть возможные препятствия, почему они возникают и *как* их преодолеть. Но прежде позвольте мне сказать вам нечто шокирующее.

Главное и самое большое препятствие, с которым вам придётся столкнуться, независимо от того, какова ваша цель, даже не *реальные* обстоятельства.

Запутались?

Причина, по которой большинство людей не действуют в соответствии со своими мечтами, не в том, что они не знают, *что* делать, а в том, что они *боятся* сделать необходимый шаг.

Первое и самое большое препятствие это — *страх*. Как только вы преодолеете это пугающее чувство, вы станете достаточно сильными, чтобы двигаться вперёд, к любым другим преградам, с которыми вы можете столкнуться. (Подробнее об этом позже).

Страх не настоящий. Это не реальная проблема, не физический камень на пути и не закрытая дверь. Он в вашем уме.

Многие люди останавливаются и сдаются ещё до того, как попытаются как-то продвинуться, и всё из-за этого страха, который живёт в их сознании. Это может быть по многим причинам:

Страх от отказа, страх неудачи, разочарования, разбитого сердца или страх неизвестности.

Страх создаётся сам собой. Это происходит, когда вы представляете себе нежелательный, пугающий или негативный результат события или действия, которое вы можете предпринять. Вместо этого подумайте о положительном результате, которого вы хотите. Вместо размышлений о том, что может пойти не так, спросите себя: как это может пойти *правильно*? Что, если всё пойдет не так, как планировалось, а намного лучше, чем вы могли себе представить? Хотели бы вы упустить такую возможность?

Страх не только останавливает нас, но и создаёт ещё больше подобных ситуаций, которых мы можем бояться. Помните, чем больше вы думаете о чём-то, сосредотачиваетесь на чём-то или воображаете что-то, тем больше этого вы будете испытывать в своей реальности. Притяжение работает, представляя себе конечный результат. И когда мы боимся, чего-то не хотим или сопротивляемся чему-то, мы рисуем в уме результат, которого не хотим, независимо от того, осознаём мы это или нет, и, таким образом, привлекаем больше минусового итога к себе.

Поймите, что страх — это естественная фаза. Он должен дать вам понять, что вы сейчас выходите за пределы своей зоны комфорта, и это не обязательно плохо. Честно говоря, в большинстве случаев это даже *хорошо*! Почувствуйте страх но сделайте этот шаг всё равно. Знание того, что страх — это всего лишь часть процесса, означает понимание того, что он не может остановить вас или изменить ваше мнение. Это указывает на то, что вы делаете что-то большее, чем ваша текущая реальность.

Это в вашей голове. Не в материальном мире. И вы можете это контролировать. Примите на себя чувство страха от того, что может произойти, а затем сделайте решительный шаг, чтобы узнать! Ещё раз, пока вы делаете это в вибрации со своими мечтами и желаниями - вы будете поражены результатами!

Посмотрите на это так: вы можете продолжать стоять на том же месте и никогда не пытаться сделать этот шаг, или сделать этот шаг - и либо добиться успеха, либо, если нет, попробовать ещё раз и на этот раз начать с опыта, а не с нуля.

Представьте ситуацию.

Поле, полное людей. Совершенно новая машина, с открытой дверью и ключом внутри, в центре поля.

Как вы думаете, что произойдёт?

Инстинктивно вы можете подумать, что кто-то сядет в автомобиль и уедет. И вы, вероятно, правы. Но. Как вы думаете, все люди сразу побежали бы к машине? Возможно нет. Только если один человек начнёт идти к нему, то другие могут последовать за этим человеком и попытаться перегнать его. Но многие другие остались бы стоять на месте.

Но почему?

Они бы побоялись.

Побоялись чего?

Побоялись выставить себя дураком. Побоялись показаться жадным. Побоялись того, что о них могут подумать другие. Побоялись быть осмеянными. Побоялись того, что будет. Побоялись, что это какая-то ловушка. Побоялись выделиться из толпы. Побоялись, что это слишком хорошо, чтобы быть правдой.

Все эти страхи у них в голове. Машина тут же, и все они могут сидеть и представлять, что машина принадлежит им, но получит её только тот, кто подойдёт и начнёт *действовать*.

У этого человека, вероятно, тоже были сомнения, но он почувствовал страх и всё равно действовал. Потому что это было то, чего он действительно хотел и был достаточно решителен.

И поэтому важно понимать, что страх, как и другие препятствия, такие как неприятие, неудача и отказ, являются неотъемлемой частью успеха.

Вы не всегда будете сталкиваться с препятствиями. Но когда будете сталкиваться, знайте, что это не знак «стоп», а знак «внимание».

А все мы знаем, что на дороге, даже на знаках «стоп», останавливаешься только на минуту, а потом что делаешь?

Продолжаешь ехать.

Путь к успеху такой же. Каждое препятствие на пути — это просто знак, который помогает вам переориентироваться, переосмыслить, а затем… Продолжать ехать.

Глава 28

Почему важно преодолевать препятствия и как это сделать

«Когда очевидно, что цели недостижимы, не корректируйте цели, корректируйте действия».
-Конфуций

Когда вы следуете правильным путём к своей цели/целям - препятствия и помехи являются лишь естественной частью процесса.

Позвольте убедить вас прямо сейчас - вы *будете* сталкиваться с ними. Какими бы маленькими и раздражающими или большими и сложными они ни были.

Теперь, когда вы приняли это как факт, произойдут две вещи:

1. Если вы не столкнулись ни с одним из них - Ура!

2. Если столкнулись — ничего страшного: вы же знаете, что это только часть процесса, и вы к ним готовы.

Смотрите на них как на учителей и проводников, а не как на якоря и стопоры.

Почему проводников? Потому что, во-первых, когда вы сталкиваетесь с ними, они возможно намекают вам, что есть более простой способ. Оглянитесь вокруг и попытайтесь найти лучшее, более простое и удобное решение задач, которые вы перед собой поставили.

Во-вторых, потому что они проверяют вас, чтобы увидеть, насколько вы действительно желаете того, чего пытаетесь достичь.

Если вы недостаточно открыты и продолжаете пробовать определённый образ, который не работает, вы можете никогда не достичь своей цели. Точно так же, как муха, которая упёрто продолжает лететь в оконное стекло, ударяясь о него снова и снова.

Если вы решите остановиться и не идти дальше, когда доберётесь до блокпоста, думая, что это «знак» - вы, вероятно, не хотели этого так сильно, с самого начала. А это значит, что вам следует пересчитать и пересмотреть свои мечты и цели. Они могут быть недостаточно сильными или не соответствовать тому, чего вы на самом деле хотите (см. главу 3 — «Вы уверены, что это ваша цель?»).

Но. Если вы действительно желаете достичь своей цели всем своим существом и открыты для руководства внешним миром, тогда у вас будет достаточно энергии, достаточно энтузиазма и достаточно мотивации, чтобы продолжать идти, и вы преодолеете все возможные препятствия! Возьмём предыдущий пример с мухой — всё, что ей нужно сделать, это сместиться на 2 сантиметра в сторону, чтобы вылететь наружу из открытой части окна, которая была там всё это время.

Препятствия вынуждают ваше творческое внутреннее «я» проявиться. Они заставляют перебирать возможные варианты, мыслить нестандартно, обучают, а иногда и показывают другие возможные пути.

Важно учитывать: если препятствие на пути заставляет вас вернуться к тому, с чего вы начали, или если вы думали, что почти достигли своей цели, а затем «потерпели неудачу» - это может быть совсем не так. Это только показатель того, как вы восприняли происходящее, и всё зависит от того, как *вы* на это смотрите.

Если вам казалось, что почти достигли своей цели, а затем произошло что-то помешавшее вам полностью её достичь, возможно, вы были не так близки к ней, как думали. Возможно, вы были только на полпути, и произошедшее событие, которое вы *восприняли* как неудачу, на самом деле было лишь препятствием, которое вам нужно было преодолеть. Это естественно. Путь к цели порой может оказаться длиннее, чем вы думали изначально. Но если вы полны решимости, то должны получать *удовольствие* от процесса, каким бы долгим он ни казался. И чем больше вы будете использовать советы, которыми я поделилась с вами в этой книге, тем короче будет путь к осуществлению вашей цели.

Когда вы наслаждаетесь процессом и смотрите на цель, не позволяя ничему сбить вас с толку и не сдаваясь, вы будете более открыты для других возможных решений и добьётесь успеха намного быстрее! Это всё равно, что сравнивать художника, получающего удовольствие от творческого процесса, с художником, который работает на кого-то и считает свои творения рутинным заданием, поэтому испытывает нетерпение, разочарование и раздражение. У художника, получающего удовольствие от процесса, больше шансов получить потрясающие результаты, в отличие от того, для кого творчество является повседневной обязаловкой.

Открою вам очередной секрет, основанный на моём личном опыте и на опыте других людей, поделившихся со мной своим путём: иногда сама дорога приносит гораздо больше удовлетворения и удовольствия, чем достигнутая цель. Когда вы достигаете своей цели, что вы делаете? Вы начинаете искать свою следующую цель. Человеческий мозг постоянно ищет достижений, острых ощущений, удовольствий — и они больше ощущаются на протяжении всего *пути*, а не при *достижении* цели. Ваши чувства, конечно, гораздо более интенсивны при удачном достижении цели. Но это длится не так долго, как во время *процесса*.

В следующий раз, когда вам покажется, что потерпели неудачу, попробуйте посмотреть на это как на необходимый урок или препятствие, которое не остановит вас, а, скорее, *поможет* вам на пути к вашей мечте, если вы продолжите идти.

Вспомните все случаи, когда вы «проваливались». Как много почерпнули вы из этого опыта?

Вы узнали, что этого нельзя достичь определённым способом?

Подумали о других, более практичных путях достижения своей цели?

Вас кто-то поправил и в результате вы узнали что-то новое, чего раньше не знали?

Вы поняли, что пошло не так?

Вы в конечном итоге почувствовали себя мудрее и опытнее в этом вопросе?

Я уверена, что вы мудры, и поэтому держу пари, что вы ответили «да» по крайней мере на половину этих вопросов, если не больше.

Каждый раз, когда вы преодолеваете препятствие, проблему, помеху или вызов, вы лучше подготовлены к следующему шагу и к следующей проблеме, с которой вы можете столкнуться.

Сразу после того, как вы подумаете, что «потерпели неудачу» или «вернулись в исходную точку», вспомните себя, когда вы *действительно* начали. Были ли вы более осведомлены, чем сейчас, после того пути, который вы уже прошли? Совершили бы вы ту же ошибку или снова пошли бы тем же путём, зная то, что вам известно сейчас, после того, как испытали эту «неудачу»?

Если нет, то какой же это «провал»?

Это скорее жизненный *урок*, скажу я вам.

Спросите всех самых известных в мире писателей, актёров, изобретателей и предпринимателей, сколько раз они терпели неудачу на пути к успеху. Если бы они сдались после временных неудач и восприняли бы их как «знак», что им следует остановиться, они не были бы там, где находятся сейчас.

Уильям Уэвелл сказал: *«Каждая неудача — это шаг к успеху»*.

Одно из самых больших препятствий, которые вы можете создать *сами*, — это *слишком* много думать о своём желании.

Да-да, я не противоречу себе: я сказала, что вы *должны* придерживаться своего желания и сосредоточиться на нём, верно? Так что я имею в виду под этим?

Позвольте уточнить…

Глава 29

Важность освобождения

В главе 6 «Краткий путь к привлечению своей мечты» последним шагом, о котором я упоминала, было *освобождение.*

Поскольку я знаю, что это звучит не совсем ясно, было краткое объяснение, что я имела в виду, говоря «освободить». Но давайте подойдём к этой концепции немного глубже, с некоторыми примерами и более подробным объяснением, потому что это может иметь решающее значение для получения гораздо большего результата, чем вы хотите и ожидаете получить, достичь или проявить.

Я твёрдо придерживаюсь каждого урока, который я преподала вам в этой книге: вы *должны* всегда держать свою цель перед собой, следить за ней, вдохновляться и мотивироваться ею и действовать в соответствии с ней. Это то, что даст ветер вашим парусам и подтолкнет вас двигаться вперёд к достижению этой цели, и даже гораздо больше.

И ключевым моментом здесь является фраза «гораздо больше!»

Давайте внимательнее посмотрим на этот момент.

Когда вы сосредотачиваетесь на способе достижения своей цели больше, чем на самой цели, вы можете ограничить себя определенными способами, хотя на самом деле может быть много других, более простых и эффективных способов её достижения, которые вы можете в дальнейшем использовать, не увидев их заранее.

Важно отметить, что слишком сильное сосредоточение на самой цели может фактически привести к тому же итогу.

Всё хорошо в меру.

Слишком много *чего-либо* может быть более вредным, чем эффективным. Лекарства, алкоголь, шоколад... И сосредоточенность на своей мечте.

Если вы будете достаточно внимательно следить и думать о своей цели, вы её достигнете. Так или иначе.

Но. Если вы сосредотачиваетесь на ней с такой интенсивностью, что отмахиваетесь от других значительных событий, происходящих в вашей жизни, или слишком сосредоточены на своей цели до такой степени, что начинаете расстраиваться, ожидая её или, опять таки, на то что вы *ещё* не достигли её на *данный* момент, тогда вы можете нечаянно, просто напросто создать для себя противоположное и вместо этого отодвинуть положительный результат ещё больше.

Знаю, вот сейчас вы подумали: как узнать, когда «слишком много» и пришло время «отпустить», и что именно вообще означает «отпустить», если оставаться сосредоточенным на цели не менее важно?

Я уделю немного времени, чтобы устранить эти неопределенности.

Как узнать, что пора отпустить?

Когда вы больше разочарованы своим желанием, чем вдохновлены и мотивированы. Когда вы чувствуете, что требуется «слишком много времени», чтобы увидеть какие-либо результаты. Когда вы продолжаете думать о возможных способах достижения своей мечты, но за каждым способом следует оправдание. И, наконец, когда вы чувствуете, что ваша жизнь окружена *только* этой единственной целью, и вам кажется, что ничего, кроме неё, вас не радует.

Это означает, что нужно отпустить.

Жизнь должна быть наполненной во всех сферах. Вы созданы для того, чтобы наслаждаться и чувствовать удовлетворение во всех аспектах своего существа, а не только в одном. За углом вас ждёт так много великих событий, о которых вы сейчас даже не подозреваете, и эти события могут произойти прямо сейчас, пока вы слишком сосредоточены на своей цели и упускаете все остальные хорошие события!

А что значит «освободить» или «отпустить»?

Это не значит сдаваться. Это не значит, что нужно полностью забыть о вашей цели.

Это значит держать её в глубине души, отступая на один шаг назад, наблюдая за её проявлением и наслаждаясь другими событиями, пока ваше желание по степенно проявляется…

Сделайте первый шаг к основной цели и продолжайте двигаться вперёд. Осознайте своё душевное состояние и свои чувства. Если вы чувствуете, что живёте своей повседневной жизнью в полной мере, двигаетесь вперёд к своей мечте, и открыты для любых возможностей достижения лучших результатов, чем первоначально поставленная цель, а также открыты для дополнительных способов её достижения, и в целом вы вполне счастливы (подробнее советы по этому поводу - в последней главе этой книги), то вы на правильном пути!

Если нет, то вам нужно доверять. наберитесь терпения и знайте, что ваша цель приближается. Это может занять время. И чем больше вы зацикливаетесь на том, КАК, по вашему *мнению*, сбудутся ваши мечты, тем больше времени потребуется для их осуществления.

Выпустите свою положительную энергию в мир. Если ваша страсть и желание достаточно сильны, ваша энергия будет сильнее. И, отпуская, вы, по сути, говорите своему подсознанию, что *доверяете* процессы осуществления, что знаете, что «заказ» сделан и оно уже на пути к вам... Потому что оно уже ваше. И благодаря этому ваш мозг будет думать, верить и действовать соответственно.

Я дам вам небольшой «хак», чтобы вам было легче «отпустить», если вы не знаете, как это сделать:

Обманите свой мозг, заставив его поверить, что вы нашли *Другой* Способ.

Подумайте об этом: если у вас уже есть то, что вы хотите, или вы уверены, что оно придёт, то вам больше не нужно на этом зацикливаться. Поэтому легче отпустить *необходимость* в том, чем вы поставили перед собой в качестве цели.

В разделе «Предисловие» этой книги я рассказала вам об одной из основных причин, по которой я решила её написать: я не смогла найти книгу самопомощи, которую хотела чтобы моя мама прочитала бы на её родном языке. Книга была доступна только в одном месте: её можно было купить онлайн на очень схематичном веб-сайте, а доставка заняла бы больше месяца и стоила бы в три раза дороже, чем сама книга. Это того не стоило. Больше я не смогла найти её ни в одном книжном магазине, библиотеке или известном, заслуживающем доверия, интернет-магазине.

Поэтому я решила отпустить ситуацию.

Я действовала так, будто я уже держала эту книгу в своих руках, будучи радостной и взволнованной по этому поводу, и ярко визуализируя в уме обложку этой книги (очень отличающуюся от оригинала) на русском языке. И тогда я нашла другое, творческое решение: а почему бы мне самой не написать такую книгу? Выделяя и обрисовав в общих чертах все важные темы, которые я прочитала в этой книге и во всех других, которые я читала по этой теме, я смогу составить вариант своими словами, добавляя истории и выводы из моей собственной жизни, даже некоторые эпизоды из жизни моей мамы, делая книгу для неё более личной. Это даже *лучше*!

Так я и сделала. И тем самым я *отпустила* проблему.

Произошло удивительное:

Поскольку я была готова опубликовать свою оригинальную книгу на английском языке, и одновременно работала над её переводом на родной язык моей мамы, с помощью моей любимой бабушки мы перевели книгу более чем наполовину - когда однажды утром я открыла телефон и увидела, что получила фотографию от бабушки. Мои глаза широко раскрылись, пытаясь уловить размытое изображение, которое вижу на экране телефона своим всё ещё сонным утренним взглядом, лёжа в постели. Это была фотография обложки той самой книги, которую я себе представляла. Та самая обложка книги на языке моей мамы!!! Та книга, которую я нигде не могла найти, была сфотографирована на очень знакомой кухонной скатерти моей бабушки.

Я не могла поверить своим глазам!

Бабушка сказала, что наводила порядок в своём книжном шкафу и нашла эту книгу в самой задней части шкафа, и поскольку она не могла вспомнить ни эту книгу, ни откуда она взялась, она прочитала описание на обратной стороне обложки и поняла, что это была именно то самое издание, о котором я писала во вступлении к своей книге.

«Это случайно не та книга, о которой ты говорила? спросила бабушка - Мне показалось, тема очень напоминает тему твоей книги…!».

Ну-ну... Что вы думаете? Это действительно была та самая книга. Моя бабушка понятия не имела, откуда она взялась и как долго она находилась в её шкафу.

Она смутно помнит, что читала это давным-давно, но утверждает, что не видела её много лет.

И вот так, без каких-либо усилий с моей стороны, без заказов и потраченных денег, эта книга попала в руки моей мамы в подарок от бабушки. После более чем года поисков. Потому что я нашла другой способ и избавилась от *необходимости* в ней.

Это и есть сила отпускания.

Вот почему так важно не зацикливаться на пути, потому что вы можете получить своё желание именно так, как вы думаете, или вы можете получить его таким способом, о котором вы никогда раньше не думали и даже не подозревали, что он существует. (Точно так же, как я *никогда* бы не подумала, что эта книга может лежать где-то глубоко в книжном шкафу моей бабушки.) У вас может возникнуть вдохновенная идея о том, что вы можете сделать со своей стороны, чтобы достичь этой цели, или вы можете просто однажды проснуться, и она просто будет в нужном месте.

Это также работает и с мелочами.

Около шести месяцев назад я купила набор плоских кексов из кукурузной муки, которые предназначены для тостера, и они мне очень понравились, потому что очень напомнили мне выпечку из кукурузной муки, которую мама пекла для меня в детстве. На следующей неделе я вернулась в этот магазин, а там их не оказалось. Я расстроилась, но подумала, что, возможно, их просто временно нет в продаже. Я вернулась в магазин на следующей неделе... и на следующей... и на следующей. Никаких кукурузных кексов.

Я начала думать, что это просто сезонная вещь или вещь, выпущенная ограниченным товаром. Но я так сильно их хотела, что даже залезла в Интернет и начала искать, где можно купить такие или хотя бы похожие кексы. Я обнаружила, что их производит только одна фирма. И это именно тот товар, который я пробовала в тот прошлый раз. И у этого бренда нет реального магазина, а есть товары для продуктовых магазинов. Их негде купить в Интернете, и единственный магазин, который их продает, — это тот магазин, в котором их, похоже, больше нет.

Потом я поняла, что слишком много зацикливаюсь на этом. Чувства, связанные с этим желанием, были скорее негативными, чем позитивными. Пришло время отпустить.

И тут мой муж мне посоветовал: «Почему бы тебе не испечь их самой? Есть смеси для кукурузного хлеба, которые легко приготовить, их можно просто раскатать в форме для кексов, а затем испечь!»

Это была достойная альтернатива! Итак, мы купили смесь.

Я не шучу, когда говорю, что на *следующий же* день я отправила мужа в магазин, поскольку мы забыли купить молоко, и он вернулся с тремя пачками моих любимых кукурузных кексов для тостера. «Посмотри, что я нашел! У них были эти три пачки, так что я подумал, что можно запастись!» - сказал он.

И это ещё не всё. С того дня каждый раз, когда мы заходили в этот магазин, они всегда были в продаже. Теперь у меня в кухонном шкафу постоянно лежит пачка кукурузных кексов, и мне пока не приходилось использовать ту смесь для кукурузного хлеба, которую мы купили...

Поверьте, иногда важно отпустить ситуацию и довериться провидению.

Глава 30

Плохой день — это нормально

Жизнь — это американские горки, наполненные взлётами и падениями. Поэтому важно помнить, что совершенно нормально иметь дни, когда вы чувствуете себя подавленными или грустными. Мы — люди, и испытывать самые разные эмоции — часть нашей природы. Эти эмоции не обязательно должны быть всегда позитивными. Если бы в нас был бы постоянный позитив, это было бы неестественно, сверхчеловечески, и тогда мы бы не знали, как воспринимать и ценить *хорошие* времена и *хорошие* чувства.

Иногда вы можете даже чувствовать себя подавленным без какой-либо видимой причины. Это не значит, что с вами что-то не так. Это всего лишь этап или плохой день, и важно помнить, что он не будет длиться вечно. Наши эмоции — не наши враги; а скорее *сигналы*, сообщающие нам что-то о нашем текущем состоянии ума и тела. Попробуйте прислушаться к этим сигналам. Когда вам плохо, сделайте что-нибудь маленькое, что принесёт вам радость. Это может быть любимая еда, просмотр любимого шоу или просто прогулка в парке. Эти маленькие заботы о себе могут существенно улучшить ваше настроение.

Понятно, что могут быть дни, когда вам не хочется ничего предпринимать или вообще что-либо менять в вашем рутинном состоянии, и это тоже нормально. Используйте это время, чтобы расслабиться и сосредоточиться на себе. Мы часто настолько поглощены повседневными делами и обязанностями, что забываем позаботиться о себе!

Помните: если вы не уделяете время тому, чтобы ценить и любить себя, вы не можете ожидать, что другие сделают это за вас. Ваше плохое настроение может быть просто способом вашего разума и тела сказать вам остановиться на секунду, сделать глубокий вдох и сосредоточиться на своём благополучии.

Ещё один способ изменить своё настроение — прислушаться к своим мыслям и изменить их. Потому что единственное, что когда-либо заставляет вас чувствовать себя плохо, — это ваши *собственные* мысли. Помните, что вы *можете* управлять ими, *возьмите* их под свой контроль, чтобы изменить своё настроение к лучшему.

Как мы обсуждали в главе 8, то, как вы реагируете на окружающее, определяет, как вы к нему относитесь. Следовательно, ваши мысли вызывают ваши *эмоции*. Итак, что вы могли бы сделать, чтобы изменить своё сиюминутное настроение? Нужно попытаться заменить каждое «не хочу» на «хочу», всё «плохое» на то, что вы *предпочитаете*, и всё раздражающее или грустное, на то, как оно могло бы быть *по-другому*.

Наполняйте каждое «хочу» энтузиазмом и позитивными чувствами, которые оно вызывает. Это придаст вам мотивацию и поможет воодушевиться положительными возможностями, а не зацикливаться на негативе.

Если вы чувствуете себя подавленным без особой причины и пытаетесь выбраться из нисходящей спирали негативных эмоций, найдите минутку обратить внимание на своё окружение: музыку, которую вы слушаете, темы, о которых говорите, фильмы и шоу, которые вы смотрите, а также темы, которые больше всего наполняют вашу повседневную жизнь. Спросите себя, являются ли они именно тем, чем вы хотите заполнить свою обыденную жизнь. Если нет, то это может быть негативная энергия, которой вы питаетесь, даже не осознавая этого. Возьмите на себя небольшое испытание и в течение следующих *трёх* дней подряд измените в лучшую сторону *три* вещи, на то что вы *предпочитаете* испытывать, иметь или делать вместо этого: слушать веселую, ритмичную музыку, смотреть комедии или мотивирующие боевики, беседуйте на мотивационные или вдохновляющие темы и т. д. Наблюдайте, как ваше общее состояние меняется к лучшему, и просто знайте, что лучшие дни уже наступают.

Итак, в следующий раз, когда вам станет грустно, не забудьте примириться со своими чувствами, побаловать себя маленькими радостями, расслабиться и, самое главное, любить и ценить себя. В конце концов, вы всего лишь человек и делаете всё, что можете, и этого более чем достаточно.

Не позволяйте нескольким плохим дням помешать вам достичь своих целей, потому что, когда вы чувствуете себя подавленными, вы можете упустить представившийся вам шанс приблизиться к своей мечте!

Глава 31

Откройте глаза и прислушайтесь к своему подсознанию

Посмотрите, что сказал Альберт Эйнштейн: «Человек с большими мечтами сильнее, чем тот, у кого есть все аргументы»…

Как вы думаете, почему?

Скажу вам, что я думаю.

Иногда люди *думают*, что им известны все аргументы, но они ошибаются. В конце концов, мы всего лишь люди, и ошибаться — это нормально.

Иногда люди знают настоящие факты, но факты — это правила, а правила — это не аксиома и они могут быть изменены (и постоянно меняются).

Люди, располагающие определённым набором фактов, могут не пытаться смотреть за рамки, могут полагать, что нет ничего более чёткого, чем границы их знаний, и не быть открытыми для того, чтобы слушать и учиться у других, поскольку они *думают*, что у них уже *есть* все необходимые знания и факты. (Как упоминалось в главе 10 — «Секрет об аргументах»).

С другой стороны, люди с достаточно большими мечтами достигают новых высот, изобретают новые правила, находят альтернативные пути и вершат великие дела на пути к своей мечте.

Люди с большими мечтами вдохновляют и мотивируют других, открыты для изучения новых способов достижения успеха и никогда не сдаются.

Именно поэтому они более сильны.

Разве вы не согласны?

Когда вы посвятите себя следованию своим мечтам и целям, вы начнёте замечать нечто неординарное вокруг себя, решения, ресурсы, руководство, вдохновение. Вам будут представлены возможности, и на протяжении всего этого процесса важно их *осознавать*!

Откройте свои глаза. Постарайтесь быть в курсе. Признайте, что если происходит что-то необычное или из ряда вон выходящее, оно может привести вас на правильный путь. Следуйте за этим!

Имейте в виду, ваши маленькие открытия не всегда могут быть абсолютно ясными. Поначалу эти новшества могут даже не всегда казаться обязательно *позитивными*, но вы должны видеть в этом новую возможность.

Например, дорога, по которой вы обычно едете на работу, может быть заблокирована однажды утром, что может показаться раздражающим. Но этот факт может привести вас на другую дорогу, где вы увидите что-то вдохновляющее, или остановитесь в незнакомом месте, где вдруг обнаружите кое-что необходимое для развития вашей дальнейшей жизни или, в крайнем случае, даже найдёте лучший, более короткий путь к работе.

Постарайтесь увидеть *возможности* в каждом изменении, шансе и событии. Спросите себя: «что *положительного* может выйти из этого? Куда это может меня привести?»

Важно отметить, что возможности могут проявляться в виде событий внешнего мира, людей, достопримечательностей, а также в виде внутренних интуитивных ощущений и устремлений изнутри. Поэтому очень важно всегда доверять своей интуиции!

Если вы чувствуете побуждение что-то сделать или куда-то пойти, если вы чувствуете вдохновение и мотивацию что-то делать, если у вас есть сильное желание куда-то съездить – сделайте это! Может быть, это проявляется ваше подсознание, которое пытается сказать вам что-то, что оно выяснило!

То же самое происходит и наоборот: как упоминалось ранее, если вы чувствуете, что что-то пошло не так, держитесь подальше.

Самый простой способ выражается в следующем: если проявления чувствуются позитивными, следуйте им. Если нет - не надо.

Это так просто.

Тем не менее, вы должны научиться различать ваше естественное внутреннее чувство сомнения от ваших *оправданий*.

Спросите себя: кто-нибудь когда-нибудь уже делал/ проходил через что-то подобное? И в большинстве случаев, если не всегда, ответ на этот вопрос — «Да». Если это так, то вы тоже можете это сделать.

Теперь, когда вы оставили свои сомнения позади и научились обращать внимание на возможности, пришло время сделать первый шаг!

Глава 32

Вот что мешает вам сделать первый шаг

«*Лучше на три часа раньше, чем на минуту позже*».
-Уильям Шекспир

Итак, вы решили, чего хотите, вы поставили большую цель, вы записали её, визуализировали, исследовали её, и теперь представился шанс. Вам пришла в голову идея или вам предложили возможность.

Что теперь?

Теперь пришло время *действовать*.

Не медлите и не сомневайтесь. Оставьте все сомнения позади.

Действуйте!

Многие люди виновны в чрезмерном размышлении (я сама королева чрезмерного размышления). Я стараюсь делать это как можно реже.

Нет ничего плохого в том, чтобы проанализировать ситуацию, все возможные варианты, и обдумать свой следующий шаг. Это на самом деле необходимо, чтобы получить лучшие результаты и избежать ошибок.

Но как только вы начинаете *чрезмерно* анализировать и *слишком* много думать, вот тут-то и возникают проблемы.

Знайте, когда остановиться, потому что в большинстве случаев чрезмерное обдумывание создаёт в вашем уме несуществующие проблемы. Если вы начнёте слишком много думать, как найти нужные решения, вы обнаружите больше *проблем*, и, возможно, таких, которых вообще не существует.

Несмотря на то, что я, возможно, чрезмерно много думаю и «потею по мелочам», я стараюсь действовать, когда чувствую вдохновение - без особых рассуждений. Если бы я слишком долго думала, я бы не решилась сделать важные шаги в своей жизни: не уволилась бы с работы и не открыла бы свой собственный бизнес, и я бы не писала эту книгу сейчас.

Чрезмерное мышление создаёт сомнения. А мы только что говорили о том, что нужно оставить наши отговорки позади. Значит, мы не хотим создавать *больше* их, не так ли?

Следующая причина, останавливающая многих людей от того, чтобы сделать первый шаг - и вы как раз можете быть одним из них — это промедление, или — ожидание «подходящего момента».

Вам может не понравиться то, что я собираюсь вам сказать, но ожидание «подходящего момента» является ещё одним оправданием вашей нерешительности.

Если вы ловите себя на том, что часто произносите какую-либо из нижеследующих фраз, то вы можете быть «медлителем»:

«Сейчас не время»

«Когда придёт время»

"Посмотрим"

"Возможно, в будущем"

"Возможно, когда-нибудь"

«Когда время будет подходящим»

«У меня сейчас слишком много дел»

«Я подожду подходящего момента»

«Я могу это сделать, я просто не хочу этого делать в данный момент»

«Когда дети вырастут…»

«Когда он/она позволит мне…»

«Когда буду менее напряжен/а…»

«Когда почувствую себя готовым/готовой».

Итак? Вы прокрастинатор или исполнитель? Потому что только исполнители достигают важных и значительных целей.

Вот истина:

Никогда не будет подходящего времени.

«Правильное» время — будет когда вы его сделаете таковым.

Реальность в том, что, когда дети вырастут, у вас появятся другие заботы или вы почувствуете себя слишком «старыми» для решительного шага. Истина в том, что вы всегда были и будете заняты, потому что, когда вы закончите одно дело, появится другое. Реальность в том, что вы *никогда* не будете чувствовать себя достаточно готовыми. Правда в том, что у вас всегда было много дел, и это всегда будет казаться неопровержимым фактом, потому что всё зависит от того, *как вы* на это смотрите.

Если бы все ждали этого подходящего момента, никто бы никогда не начинал свой бизнес, не путешествовал, не делал предложений, не женился и не заводил детей. Потому что всегда будут условия, которые могут показаться, останавливающими или мешающими вам сделать этот шаг, когда на самом деле - это просто оправдание безволия.

Только когда вы сделаете этот шаг, несмотря на все окружающие обстоятельства, вы увидите, как всё ладно получается.

Редко вы услышите, чтобы успешный человек сказал: «это было правильное и идеальное время! У меня было много денег, которые мне не на что было потратить, я был свободен от всех хлопот и задач, мне больше нечем было себя занять, я чувствовал себя полностью готовым и точно знал, как действовать!»

Верно?

Это всегда больше похоже на «я боролся по жизни, поэтому знал, что должен действовать, чтобы выбраться из ситуации», «тогда мне это казалось самым неподходящим моментом! Но сейчас, оглядываясь назад, я не знаю, как бы я был без этого…», «у меня не было ни денег, ни поддержки, когда я начинал. И посмотрите, чего я добился сегодня», «мы не были готовы к этому, но мы так рады, что это произошло!», «я так рада, что заставила себя сделать этот прыжок веры и достичь этого!»

Большинство людей теряют и *тратят* впустую своё драгоценное время, ожидая подходящего момента, или готовясь к нему, вместо того, чтобы сделать шаг и двигаться *вперёд*.

Не ждите. Лучшее время - *сейчас*!

Последнее, что может заставить вас остановить себя от первого шага, — это чувство страха, растерянности или боязни, потому что вы ещё не видите, *как* именно этот шаг приблизит вас к вашей цели. Но вам и не нужно это видеть. Вам просто нужно сосредоточиться на том, *что*, а не на том, *как*, помните?

Теперь хочу объяснить вам это, чтобы вам было легче сделать первый шаг. Но прежде, чем я это сделаю, поскольку до конца книги осталось всего несколько глав, давайте сначала коснёмся одной конкретной темы, которая, я уверена, волнует вас или кого-то другого, читающего эту книгу…

Глава 33

Как притянуть богатство и финансовое изобилие

Я знаю. Я сказала, что стремление к деньгам как к цели слишком расплывчато и не очень разумно, потому что это не конечный *результат*, а скорее *ресурс*.

Но я знаю, что многие люди просто не примут это как ответ, и всё же будут надеяться, что в этой книге, как и почти в любой другой книге по самосовершенствованию, в конечном итоге будет глава, посвящённая, вероятно, самой желанной вещи: Деньгам.

Если вы один из таких людей, я создала эту главу для вас. (Хотя в этой книге это, может быть, и поздно, но вот и она!)

Обратите внимание на название этой главы. Я выбрала слова «богатство» и «финансовое изобилие», потому что это то, чего вы *действительно* желаете. Не сама материалистическая форма денег.

Богатство означает наличие обильных запасов определённого ресурса. Не обязательно деньги как таковые.

Финансовое изобилие – это скорее образ мышления, чем статус или состояние. Это значит чувствовать, что у вас более чем достаточно, быть счастливым и благодарным за то, что у вас уже есть. А это больше связано с вашими *убеждениями* о деньгах.

Но не волнуйтесь, в этой главе я всё равно буду говорить о вопросе, который вас интересует: как привлечь больше денег.

Большинство из нас выросли с негативными представлениями о деньгах. Либо мы выросли в бедности (что, кстати, верно в отношении подавляющего большинства людей, которых я знаю), так что, если это верно и в отношении вас, не расстраивайтесь слишком сильно: вы не уникальны в своём статусе. И я пишу это самым обнадёживающим образом!

Если вы выросли в бедности, то, вероятно, у вас были убеждения, что деньги – это плохо, что богатые люди – злые, что наличие денег делает вас жадными и что люди, обладающие деньгами и властью, неправильно их расходуют или ими злоупотребляют.

Я сама выросла с некоторыми из этих убеждений. Из фильмов, сериалов и окружающего общества. Но это просто... не истина в первой инстанции.

Если у *вас* есть некоторые (или все) из этих убеждений по сей день, знайте, что они являются ограничивающими убеждениями, как мы говорили в главе 19 «Причина, по которой вы не делаете этот шаг». Эти убеждения доставляют вашему разуму негативный мыслительный процесс и, следовательно, негативные «отношения» с деньгами. Если вы хотите начать притягивать деньги в свою жизнь, то вам сначала нужно изменить свои убеждения.

Вот истина:

Деньги не делают вас плохими. Ваши мысли, характер, убеждения и личность делают вас подобными. Богатые люди не злые. У богатых людей просто есть деньги. Есть богатые люди, которые добры, и есть бедные люди, которые злы. Наличие денег не делает вас жадными. Я знаю многих людей, у которых есть деньги, и которые предпочитают жертвовать большую часть их на благотворительность и помощь другим. Не все люди с деньгами и властью злоупотребляют ими.

Всё зависит от вашего выбора и того, что *вы решите* делать со своими деньгами.

Если вы выросли в богатстве или родились у родителей, у которых были деньги, то ваше отношение к деньгам действительно зависит от того, как вас воспитали родители. Ваше мировоззрение формируется двумя путями: либо вам было дано всё, чего вы желали, и вы росли, полагая, что получить всё, что

хотите, легко, либо вы росли, понимая, что вам нужно
это заслужить и ценить.

В любом случае, независимо от того, во что вы верили
в детстве, теперь вам нужно понять (если вы ещё этого
не поняли), что в мире существует изобилие денег. Как
я уже говорила, ресурсов есть более чем достаточно
для всех. Большинство денег в наши дни даже не
являются физическими или материальными. Это
просто цифры на компьютерах.

В стремлении к финансовой свободе простота является
ключевым моментом. Когда дело касается денег, очень
важно очистить своё ментальное пространство, как и
при наведении порядка в физическом пространстве.
Выявите и отпустите любые негативные ассоциации
или эмоции, связанные с богатством.

Примите образ мышления, который рассматривает
деньги как *инструмент позитивных* изменений,
расширяющий ваше стремление способствовать
благополучию себе и другим, а не как зло. Знайте: если
другие люди решают злоупотребить своим богатым
финансовым положением, это не означает, что вы
сделаете тот же выбор, что и эти люди, или
собираетесь изменить себя, когда у вас будет
финансовая свобода. То, что вы думаете о деньгах,
формирует вашу реальность.

Позвольте мне сказать вам сейчас громко и ясно: вы
способны привлечь деньги в свою жизнь. *Столько*,
сколько захотите. Теперь вам просто нужно в это
поверить. И чем больше вы в это верите, тем легче и
быстрее это станет вашей реальностью.

Так *как* же привлечь деньги?

Точно так же, как и достижение любой другой цели, которую вы себе ставите! Процесс одинаков для всего, чего вы хотите достичь. Как мы обсуждали в этой книге с самого начала:

УСТАНОВИТЕ чёткую цель: сколько денег вы хотите видеть на своем банковском счёте?

ПОВЕРЬТЕ, что вы можете получить это и что оно уже ваше: Представьте свою жизнь так, как будто у вас есть все деньги, необходимые для того, чтобы позволить себе всё, что вы хотите. Поверьте, что это правда! Ведите себя так, как будто у вас уже есть тот образ жизни, которого вы желаете!

ДЕЙСТВУЙТЕ, чтобы получить это: исследуйте и изучайте богатых людей и то, как они попали туда, где они есть. Примите необходимые меры, чтобы добиться того же.

Как упоминалось ранее, финансовое изобилие – это психическое состояние, когда вы радуетесь тому, что имеете, осознавая, что у многих других людей нет даже половины этого, а затем зная, что вы получите гораздо больше. Благодарность — мощный магнит для всего в жизни, включая процветание. Ежедневно выражайте искреннюю благодарность за богатство, которое уже есть в вашей жизни; таким образом вы сигнализируете о своей открытости к получению большего с помощью своей энергии.

Помните, что, хотя сила притяжения приводит вашу энергию в соответствие с процветанием, решающее значение имеют вдохновенные действия. Недостаточно просто визуализировать и очень хотеть - вам также нужно действовать. Вы должны принять меры для сотворчества со Вселенной, предпринимая целенаправленные шаги для достижения своих финансовых целей.

Разбейте цели на выполнимые задачи и последовательно двигайтесь к ним. Сделав это, вы увидите открывающиеся двери, ведущие к финансовому изобилию.

Ещё одна вещь, которую важно сделать на пути к новой изобильной жизни, — это окружить себя поддерживающим сообществом, у которого такое же видение изобилия, как и у вас. Общайтесь с единомышленниками, делитесь целями, совместно работайте над идеями и отмечайте успехи. Окружите себя людьми, которые уже ведут тот образ жизни, который вам нужен. Они не только *вдохновят* вас, но и *покажут*, что это возможно и для вас, потому что если *они* сделали это, то сможете и *вы*. Вы также сможете учиться на их опыте, черпать идеи и получать знания, в отличие от людей вокруг вас, которые будут вас сбивать с толку, заставляя думать, что вы ставите «слишком высокие» цели или что это невозможно для вас. Особенно, если у таких людей есть ограничивающие или негативные убеждения о деньгах.

Изучайте успешных людей и окружайте себя успешными людьми, лично или виртуально. Учитесь на их опыте, смотрите видео, слушайте их лекции, читайте книги и впитывайте знания, которые помогут вам принимать обоснованные решения для вашего финансового будущего. Многие из этих ресурсов вы даже можете найти бесплатно.

Большинство книг о деньгах скажут вам, что фундаментальным шагом в зарабатывании денег является инвестирование. *Вложить* деньги, чтобы получить больше. Проблема в том, что большинство людей не могут отличить настоящие, стоящие инвестиции в активы от финансового бремени, которое заставит работать усерднее и в конечном итоге заставляет продолжать *вкладывать* больше денег, чем *зарабатывать*. Если вы это сделаете, обязательно инвестируйте в активы, которые приносят пассивный доход, способствуя вашему пути к созданию богатства. Накапливайте активы, которые со временем растут в цене, одновременно управляя и минимизируя обязательства для поддержания здорового финансового баланса. Если это заставляет вас *работать* больше, чем *зарабатывать*, то это не настоящий актив.

Финансовая свобода может означать много разных вещей для разных людей и быть правдой на разных уровнях. Спросите себя: что значит *для вас* финансовая свобода? Чего требует образ жизни, который вы хотите? Сколько свободного времени? Какую часть месяца вы бы работали? работали бы вы *вообще*?

Постарайтесь создать финансовую основу, которая позволит вам вести желаемый образ жизни, не полагаясь исключительно на зарплату. Это означает, что вы, возможно, захотите отложить некоторый пассивный доход. Эта независимость даёт свободу заниматься любимыми делами и жить на своих условиях.

Однако позвольте мне высказать горькую правду: пассивный доход не так уж и пассивен. Чтобы получить денежный поток на определённый период времени, вам нужно сначала провести мозговой штурм и решить, как вы собираетесь это сделать. Затем вам нужно начать и сделать что-то, а затем реализовать это, чтобы оно работало на вас и приносило вам этот «пассивный» доход, когда вы, наконец, в отпуске лежите в шезлонге и потягиваете коктейль.

С чего начать, спрашиваете вы?

Исследуйте!

Мы живём в удивительное историческое время, когда вся информация, необходимая буквально для чего угодно, находится на кончиках ваших пальцев!

Вы можете исследовать способы получения пассивного дохода в Интернете, и вы увидите, что каждый из них требует от вас определенных *действий сначала*, а иногда и время от времени, а не только один раз, чтобы получить этот поток пассивного дохода.

Вы можете получать пассивный доход от видео, но сначала вам нужно будет снять это видео. Вы можете получать пассивный доход от продажи книги или некоторых печатных форм, но сначала вам нужно будет написать эту книгу или разработать дизайн этих печатных форм. Вы можете получать пассивный доход, если ваши сотрудники будут управлять вашим бизнесом, но сначала вам нужно будет построить этот бизнес до такой степени, чтобы он мог успешно работать без вашего участия.

Но не позволяйте этому обескуражить вас! Потому что вот хорошие новости:

В сегодняшнюю цифровую эпоху зарабатывание денег на своих увлечениях стало повседневной реальностью для миллионов людей!

Вам больше не нужно ходить и стучать в двери, чтобы найти работу. Вы можете получить доступ к открытым позициям, не выходя из собственного дома, и более того, вы также можете *работать*, не выходя из дома!

Традиционные ограничения возраста, внешности и опыта исчезают, открывая двери для каждого, кто может превратить свои *интересы* в доход!

В наши дни люди зарабатывают деньги абсолютно на чём угодно. И я имею в виду *что угодно*!! От публикации фотографий, пробы бесплатных продуктов или даже просто еды перед камерой. (Да-да, это называется «мук-банг».)

Независимо от того, насколько вы стары, молоды или неопытны, я *гарантирую*, что вы сможете найти способ зарабатывать деньги, занимаясь любимым делом. Что бы это ни было, А если способа ещё нет, придумайте его! Начните новый тренд! Новую Нишу! Вы не единственный человек, который интересуется тем, что интересует вас, и Интернет помогает людям всего мира со схожими интересами общаться между собой! Вы можете преподавать всё, о чём знаете, анализировать всё, в чём у вас есть опыт, и демонстрировать всё, в чём вы талантливы. Просто поищите в Интернете, как можно зарабатывать деньги, занимаясь любимым делом.

Именно таким образом я открыла для себя графический дизайн.

Честно говоря, когда я начала исследования, я даже не знала, что такое графический дизайн. Я не была уверена, *чем* именно хочу заниматься, но знала, что люблю рисовать, как на бумаге, так и на компьютере. Я знала, что мне нравится играть и экспериментировать с некоторыми программами по искусству и дизайну, и я знала, что мне нравится творить. Поэтому я стала искать возможные способы заработать деньги на своих «хобби». В итоге я нашла целый мир дизайнерских должностей и источников дохода, о которых я раньше даже не слышала! И в конце концов я поняла, что графический дизайн идеально мне подойдёт.

Попробуйте! Поэкспериментируйте! Зайдите в Интернет, запишите каждое своё хобби, талант или интерес и найдите возможные способы заработать на этом деньги. Я уверена, что вы найдёте способы, о которых даже не думали.

Имейте в виду, что в погоне за богатством неудачи неизбежны. Используйте неудачи как трамплин для совершенствования стратегий, корректировки подходов и роста как инвестора и строителя богатства. Каждая ошибка приближает вас к финансовой мудрости.

Теперь пришло время сделать первый шаг! И, как я и обещала, позвольте мне рассказать вам об этом, чтобы вам было легче понять, как сделать этот первый шаг.

Глава 34

Как сделать первый шаг

Я говорила о том, что не следует слишком много обдумывать свои планы.

Особенно это касается первого шага.

Если вы подумаете обо всех следующих шагах, которые вам придётся предпринять после первого, и предусмотрите все возможные препятствия, с которыми вы можете столкнуться, вы никогда даже не захотите сделать этот первый шаг. А ведь на самом деле препятствий может и не быть, условия могут измениться уже *завтра*, вам могут представиться новые возможности, о которых вы, возможно, даже не думали. Как упоминалось ранее, в целом, вы не можете предвидеть все возможные маршруты или предсказать всё, что может произойти.

Так что просто решительно сделайте первый шаг.

Представьте, что вы поднимаетесь по лестнице в темноте с фонариком в руке. Если вы посмотрите вверх, вы не увидите, сколько там ступенек или какой высоты лестница, но вы всё равно сможете добраться до самого верха, какой бы маленькой или большой ни была эта лестница, только проливая свет на следующую ступень, на которую вы должны наступить. Смотреть только на следующую ступеньку менее пугающе, чем видеть всю лестницу впереди. И кто знает, может быть, на одной из следующих ступеней лежит фонарик побольше, или друг стоит, чтобы помочь вам, или карта, чтобы указать путь… Не смотрите слишком далеко вперёд. Просто сосредоточьтесь на первом шаге, который вам нужно сделать, а затем на следующем, и на следующем, и так далее… Пока не достигнете вершины.

Сделайте первый шаг, даже если он кажется маленьким и незначительным. Самые маленькие шаги часто ведут нас дальше всего!

Многие из моих самых больших и лучших изменений в жизни начались с самых маленьких действий, которые позже привели к значительным изменениям и влиянию на мою жизнь.

На данный момент я могу выделить три самых маленьких, но лучших решения, которые я когда-либо предприняла:

- Уволилась с работы - сказала начальнику, что ухожу, предупредила его за две недели, подумала про себя, что всегда смогу найти другую похожую работу, если что-то пойдёт не так. В результате - имею свой собственный успешный бизнес с гораздо большей оплатой, без босса, работая из дома, что сильно повлияло на мой повседневный образ жизни.

- Взяла собаку — может показаться мелочью, но она помогла мне пережить некоторые неприятные моменты в жизни: с тех пор я никогда не чувствовала себя одинокой, познакомившись с владельцами собак во время прогулок с собакой, многое узнала о себе как о владельце собаки.

- Регистрировалась в онлайн-приложении для знакомств - небольшое действие, которое заняло не более пяти минут без особого энтузиазма. Но в итоге этот маленький шаг привёл меня к встрече с мужем, что, конечно же, кардинально повлияло на мою жизнь.

Совершите это действие, каким бы незначительным оно ни казалось. Это может быть началом опыта, который изменит вашу жизнь.

Но что, если вы точно знаете, какие шаги нужно предпринять? Что делать, если от вас требуется много действий, нет маленьких дел, а есть только большие, и всех их нужно сделать в ближайшее время?

В этом случае, сначала совершите самое большое действие.

Да, будьте уверены!

Все книги о самовоспитании, скажут вам: *сначала* избавьтесь от самой большой, самой раздражающей или пугающей задачи.

Понятно почему: когда вы с ней закончите, все остальные действия будут казаться намного проще, чем они есть на самом деле, и вы почувствуете себя увереннее в их выполнении, как только завершите самое сложное задание.

Даже когда я занимаюсь домашними делами, я всегда сначала делаю самое большое и раздражающее дело, требующее наибольшей затраты энергии. Таким образом, я уверена, что не устану от всех других мелких дел которые мне предстоит свершить. Это помогает управлять временем, я более сосредоточена, а не занята заботой о том, как я справлюсь потом с самой трудоёмкой работой.

Сделайте это и забудьте об этом. Тогда вы готовы двигаться дальше.

Когда вы поднимаетесь по лестнице своей мечты, временами вы можете почувствовать себя застрявшими. Когда это произойдёт - не бойтесь обращаться за помощью, попросите кого-то о навигации, руководстве и т.д. Есть много людей, которые сделали в прошлом то, что вы пытаетесь сделать сейчас, которые хотели бы поделиться своим опытом, научить, рассказав о своём собственном пути. Вам не обязательно точно следовать их рекомендациям, но у вас могут зародиться какие-то идеи или общее новое направление, по которому вам следует двигаться.

То же самое касается формы вашего обращения с просьбами. Пока вы не грубите и не требуете — нет *ничего* плохого в том, чтобы просить.

Люди не могут читать ваши мысли, и не все проницательны или достаточно осведомлены о вас, чтобы понять ваши намёки, настроение или поведение. Кроме того, у людей достаточно собственных мыслей, и они могут быть слишком сосредоточены на попытках намекнуть *вам* на что-то, чтобы иметь возможность понимать вас с полуслова.

Вместо этого - Говорите.

Скажите вслух, что вы хотите, в чём нуждаетесь или что предпочитаете. Сообщите об этом другим. Вы будете удивлены тем, насколько окружающие вас люди просто не *знали*, чего вы хотите, в чём нуждаетесь или как предпочитаете то, о чём вы просите.

Вам нечего терять. Если они откажут или не смогут по каким-то причинам вам помочь, - в крайнем случае, вы остаетесь там, где были изначально, и ничего не потеряете. Но. Они могут таки предоставить вам то, о чём вы просили, и они могут быть даже *рады* это сделать.

Когда я только начинала свой бизнес, я обязательно спрашивала людей, нуждаются ли они в моих услугах или знают кого-то, кому могут понадобиться мои навыки. Я не боялась выглядеть нуждающейся или надоедливой и часто слышала в ответ: «О боже! Я совсем забыл, что ты теперь самостоятельный специалист! Я действительно знаю кое-кого! Как здорово, что ты мне об этом напомнила!»

Это беспроигрышная ситуация: я получила работу, человек, который искал исполнителя, нашел его в моём лице, а мой друг смог помочь другому и попросить об одолжении взамен!

Будьте настойчивы. Когда вы поднимаетесь по лестнице к своей цели, никогда не оглядывайтесь назад с сожалением! Помните, что всё, что произошло

до сих пор, привело вас туда, где вы находитесь
сегодня, а всё, что ещё не произошло, приведёт вас ещё
дальше. Не сдавайтесь. Продолжайте, спрашивайте,
исследуйте, проверяйте и пробуйте.

У меня есть история про настойчивость и
визуализацию - всё в одном, которая подчёркивает
истину: чем больше инструментов и способов, о
которых я упоминала в прошлых разделах этой книги,
вы будете комбинировать и применять, тем больше у
вас шансов достичь своей цели и тем быстрее это
произойдёт.

Что касается истории, то на этот раз она достаточно
короткая.

Стив очень интересовался Бетти. Они долго
флиртовали друг с другом. Прошло немало времени,
они не виделись годами. И вот однажды друг Стива в
случайном разговоре упомянул имя Бетти, сказав ему,
что они до сих пор общаются и что у него даже есть
номер её телефона. Стив был заинтригован. Он не мог
упустить возможность хотя бы ещё раз услышать её.
Поэтому он охотно попросил её номер телефона у
своего друга.

Прошли дни, и Стив наконец набрался смелости
позвонить Бетти. Пока налаживалась связь, он живо
представил себе её голос, каким его помнил,
отвечавший «да» на другом конце линий. Но, к его
разочарованию, ответа не последовало.

Несколько дней подряд Стив пытался дозвониться, но
трубку никто не брал. И хотя он начал предполагать,
что она изменила свой номер, что-то внутри него всё
же подталкивало его продолжать попытки. Так он и
сделал. Каждый день, в обеденный перерыв на

работе, он вновь и вновь набирал её номер. И каждый раз в своём воображении он явно слышал её голос, отвечающий «да». Он даже не знал, почему ему чудилось именно «да», хотя большинство людей на телефонные звонки обычно отвечают словом «алло». Это было просто то, что он слышал в своём уме. Пока однажды длинные гудки на линии не прервались короткой тишиной. Стив на секунду подумал, что, может быть, связь по какой-то причине прервалась… Пока не услышал голос Бетти на другом конце соединения:

«Да» - сказала она.

Не бойтесь, не стесняйтесь! Действуйте и уверенно двигайтесь вперёд! Чем больше вы верите в себя, тем больше другие будут верить в вас и находить в вас вдохновение. Если вы просите помочь вам в продвижении ваших планов, это не показатель слабости, это проявляет вашу открытость, чтобы учиться и становиться лучше, а открыты только мудрые люди. Если вы не правы - признайте свою неправоту и примите что-то новое, чтобы исправиться, в результате вы станете мудрее и, возможно, просто получите больше уважения от человека, у которого вы научились.

И если вам кажется, что вы терпите неудачу, помните, что это просто испытание на пути, которое нужно преодолеть и извлечь из него уроки.

Вперёд! Сделайте этот шаг и сделайте его потрясающим! Вы можете сделать это!

Я в вас верю!

Глава 35

Мои секреты счастья

Честно говоря, эта глава в книге является в некотором роде «бонусной» главой.

Как я упоминала в главе 3, всё, чего на самом деле искренне желает каждый человек, — это быть счастливым. Всё, чего мы хотим, по существу, является надеждой на радость и *счастье*, которые принесёт наша цель. Всё, чего вы ждёте от жизни, вы хотите из за того, как это заставит вас *чувствовать*. Мы все просто хотим этого счастливого чувства.

Счастье может выражаться в широком спектре эмоций, таких как:

Жизнерадостность, Волнение, Гордость, Страсть, Оптимизм, Рвение, Эйфория, Любовь, Радость,

Надежда, Благодарность, Удовлетворение,
Привлечение, Наслаждение, Безмятежность,
Благоговение, Уверенность, Энтузиазм, Вдохновение,
Развлечение, Блаженство, Мир и многое другое.

Но по существу, все эти ощущения чувствуют *хорошо*.

Так что на самом деле, чтобы получить то, что вы
действительно хотите, всё, что вам нужно сделать, это
быть *счастливым*!

Думаете - «Легче сказать, чем сделать»?

Чтобы ответить на этот вопрос, здесь и приведена эта
глава.

Я хочу поделиться с вами несколькими советами и
способами, из своего личного жизненного опыта,
которые я изучила, и применила на практике, чтобы
быть счастливой - это позитивно сработало для меня
и для окружающих меня людей.

Это как раз то, что вы можете начать делать сегодня,
чтобы повысить уровень своей жизни и создать
наиболее желаемую повседневную атмосферу!

Готовы?

Вот десять вещей, в произвольном порядке, чтобы
начать применять в своей жизни:

• Подумайте обо всех случаях, когда вы чувствовали
  огромное счастье или, по крайней мере, радость, в
  своей жизни. Спросите себя, что общего во всех
  этих моментах? На самом деле сядьте и подумайте
  об этом. Вы можете найти эпизоды счастья, о
  которых вы даже не подозревали, которые
  доставили вам чувство радости. Затем попробуйте
  поэкспериментировать: повторить те события,

выполняя их снова, и, таким образом, вполне возможно, вы заново откроете для себя моменты счастья.

- Составьте список (последний список, обещаю) пунктов, которые делают вас счастливыми и поднимают вам настроение. Даже такие мелочи, как посещение определённого веб-сайта или приложения, употребление излюбленной пищи или прослушивание любимой песни. Каждый раз, когда вы чувствуете себя подавленными, возвращайтесь к этому списку и делайте одно или несколько из этих действий. Каждый раз, когда вы вспоминаете что-то ещё, что вас радует, или находите что-то новое, что вас вдохновляет и поднимает настроение – обязательно добавляйте это в список!

- Чтобы сосредоточиться на своём вдохновении, счастье и расслаблении - избавьтесь от всех мелких неприятностей вокруг вас. Все незавершённые дела, незакреплённые объекты, нерешённые проблемы, мелкая надоедливая рутинная работа, грязь и беспорядок и т.д. Когда всё это выброшено из головы, ваш разум не будет отвлекаться или ежедневно раздражаться, а вместо этого — сосредоточится на своих целях!

- Оставьте позади все негативные эмоции: гнев, вину, сожаление, оправдания и ограничивающие убеждения. Отпустите их. Другой человек, вероятно, даже не помнит того, что повергло вас в негативное состояние, и единственный человек, которого это мучит и заключает в хандру — это вы. Хранить обиду и гнев — всё равно, что носить сумку, полную камней; вы только навредите *своим* плечам. Забудьте обо всём этом и сосредоточьтесь на своей текущей реальности и своём будущем.

- Вспомните случаи, когда с вами случалось что-то удивительное и неожиданное. Я уверена, что вы можете вспомнить несколько подобных случаев. Теперь мысленно повторите утро того дня. Вы проснулись, почистили зубы, приготовились к новому дню и даже не подозревали, что вот-вот произойдёт что-то потрясающее. Такой день может быть и сегодня. Просыпайтесь каждое утро с мыслью, что сегодня произойдет что-то неординарное. Помните - когда вы чего-то *ожидаете*, рано или поздно оно произойдёт, или - что-то даже лучшее!

- Если кто-то скажет вам, что вы не сможете осуществить свою мечту, (неважно, насколько умным или осведомлённым вы считаете его) не позволяйте этому остановить вас. Вы можете исследовать многочисленные истории врачей, учителей, профессоров и тренеров, которые ошибались. Неважно, какое у них образование — они всё равно лишь люди. А люди совершают ошибки и имеют свои убеждения и мнения, основанные на собственном опыте. Но вы можете быть одним из очень немногих или даже первым, кто заставят их поменять мнение. Помните это.

- Не беспокойтесь сегодня о событиях, которые могут произойти или не произойти в будущем. Скажите себе: «Это проблема завтрашнего дня». Так вам будет легче жить, гарантирую. Я не говорю о реальных проблемах, которые можно решить сегодня, или о том, чтобы отложить дела на позже. Я говорю о проблемах, с которыми вам абсолютно нечего делать в данный момент. Зачем беспокоиться об этом сейчас? Живите сегодняшним днём. Наслаждайтесь каждым его мгновением. Когда вы доберётесь до того моста, вы пересечёте его. Не забывайте, что всё может измениться, и вы не можете этого предсказать. Всё ещё может обернуться к лучшему. Верьте.

* Не беспокойтесь и не переживайте из-за вещей, которые вы *не* можете контролировать. Вы можете выпустить пар, поделившись этим с близким другом или членом семьи, но затем постарайтесь не говорить об этом и не сосредотачиваться на этом в своей повседневной жизни. Если вы можете что-то *сделать*, чтобы изменить ситуацию – *сделайте* это! Если нет, то перестаньте об этом беспокоиться. Потому что, если это расстраивает вас само по себе, то факт, что вы *не* можете контролировать ситуацию, расстроит вас ещё больше. Чем больше вы будете об этом думать, тем больше вы будете расстраиваться, но это не изменит саму природу того, что ухудшило ваше самообладание. В таком случае вы не только ничего не измените к лучшему, но и навредите сами себе. Отпустите ситуацию. Оно разрешится само собой, когда придёт время. И чем меньше внимания и энергии вы этому уделяете, тем меньший вес оно будет иметь в *вашей* жизни.

* Радуйтесь мелочам жизни. Любые достижения, какими бы маленькими они ни были - отмечайте! Похлопайте себя по плечу, вознаградите себя. Каждый раз, когда вы преодолеваете препятствие, приближаетесь к своей цели, делаете что-то значительное или достигаете небольшой цели - отметьте это как очень важное! Это не только сделает вашу жизнь более приятной и забавной, но и подтолкнёт вас вперёд с мотивацией, чтобы продолжать идти и достигать всё большего и большего. Вашему подсознанию нравится, когда

его признают и вознаграждают, поэтому оно распознает закономерность и будет стремиться к достижению больших высот!

- Если вы переживаете трудные времена — помните: жизнь — это активный фильм. Не застывшая картинка. Это изменится. Это пройдёт. Как и все другие плохие моменты, которые у вас были в прошлом. Завтра наступит совершенно новый день, новая возможность, и может случиться что-то невероятное! Вы не застряли, даже если вам так кажется. Вы главный герой в фильме своей жизни, и вы пишете свой собственный сценарий. Сделайте его прекрасным!

Я завершу эту главу ещё одной невероятной, как может показаться со стороны, историей, которая произошла сегодня, пока я пишу эти строки:

Месяц назад я подала заявление на получение разрешения на работу, чтобы иметь возможность работать в Соединенных Штатах. Мне это было нужно для продолжения карьеры, развития бизнеса, но больше всего — для издания этой книги.

Когда я подавала заявку, мне сказали, что получение ответа займёт от четырех до шести месяцев, может быть, немного меньше. На всякий случай я решила проверить эти сведения онлайн, чтобы убедиться в их достоверности. В сети было сообщено, что в настоящее время период ожидания продлён до более чем 6 месяцев из-за большого количества запросов.

Хотя я была немного разочарована и обеспокоена тем, что мне придётся ждать так долго, я решила визуализировать, излучать положительную энергию на эту тему, сосредоточиться на конечном результате, верить и «действовать как будто».

Я создала портфолио для местных клиентов, составила список потенциальных клиентов из этого района, изучила местные цены в своей области и соответственно составила прайс-лист, создала дигитальную визитную карточку на английском языке и подумала о том, в какие дни и часы я должна работать, чтобы эффективно распоряжаться своим временем, наряду со всеми другими повседневными делами, которыми была занята до сих пор, а также консультировалась о возможном создании веб-сайта для моего местного бизнеса.

Я двигалась вперёд, несмотря на то, что знала: мне, возможно, придётся ждать ещё полгода.

Вчера я закончила писать черновик письма потенциальным местным клиентам. Сегодня утром я получила электронное письмо - моё разрешение на работу было одобрено.

Всего через месяц после подачи заявки!

«Видимо, всё-таки удача на нашей стороне!» — заметил мой муж.

И хотя в этом действительно, может быть, присутствует какой-то элемент удачи, - я верю, что это "треугольник притяжения" в действии.

Неважно, что говорят вам профессионалы, что испытали другие, что вы читаете в Интернете или что говорит закон. Поставьте цель! Верьте! Действуйте! И ожидайте чудес.

Затем просто наблюдайте, как они происходят…

Начало
(Послесловия/Эпилог)

Это может быть конец этой книги, но это начало *вашего* пути.

Поставьте цель, Верьте, Действуйте:

- *Поставить цель* - Окружите себя положительной энергией, чтобы притянуть побольше её же к себе, в образах людей, событий и обстоятельств. Поставьте перед собой достаточно большую цель, которая способна *взволновать* вас, а затем стремитесь *ещё* выше. Запишите все свои цели и часто перечитывайте их, чтобы оставаться сосредоточенными и мотивированными. Не забудьте сосредоточиться на конечном результате («что»), а не на пути («как»), поскольку вы не можете увидеть все возможные пути. Путь будет открыт для вас в ходе продвижения к цели. Наконец, разбейте свою цель на небольшие действия, поделитесь ими со сторонником и ведите счёт.

- *Верьте* - Никогда не сосредотачивайтесь на том, что думают другие люди, и не позволяйте таким образом ограничивать или останавливать себя — потому что они, вероятно, вовсе совсем и не осуждают вас, но и не думают о вас. Всегда помните, что важно не то, что с вами *происходит*, а то, как вы на это *реагируете*. Не обвиняйте других и не тратьте слишком много времени и энергии на споры с ними. Имейте в виду, что у них другой жизненный опыт, отличающийся от вашего. Сосредоточьтесь на том, что вам нравится в других, замечайте и цените их, чтобы получать и видеть в них больше этого же. Выработайте привычку останавливать цепочки плохих событий и делать так, чтобы хорошие продолжались. Знайте, всё может быть по другому. Ваша текущая реальность может измениться и не обязательно должна быть такой, какова она сейчас. Будьте благодарны за то, что у вас есть и цените это. Верьте в себя. Имейте здоровую самооценку и уверенность в себе. Признайте свои ограничивающие убеждения и их источник, а затем отпустите их. Визуализируйте. Всеми пятью чувствами. И обязательно прикрепите и свяжите с визуализацией достаточно сильные *эмоции*. Запишите их, а затем выпустите в мир, действуя «как будто» оно уже так и есть.

- *Действуйте* - Практикуйте расширение зоны комфорта: пробуйте новое, будьте открыты для перемен, руководствуйтесь своей внутренней интуицией и внутренним чутьём и доверяйте своим инстинктам. Откройте глаза - не упускайте возможности. Поймите, что страх создаётся вами, а отказ и неудача — это лишь части пути к успеху, и что вы можете только *возрасти* на них. Действуйте.

Нет лучшего времени, чем сейчас. Сделайте первый шаг уверенно. Не думайте слишком много, не заглядывайте слишком далеко вперёд. Наслаждайтесь процессом и не бойтесь просить навигации, помощи или просить о том, чего вы желаете. Сначала делайте самый большой шаг, помня о том, что даже самые маленькие действия могут привести к огромному прогрессу.

Имейте в виду, что вам не *обязательно* применять все методы в своей жизни, представленные вам в этом материале для чтения, хотя я это рекомендую, для достижения наилучших результатов. Возьмите из этой книги то, что кажется *вам* правильным, что вам больше всего нравится. Если вы воспользуетесь хотя бы одним советом из этой книги, и это приведёт к положительным изменениям в вашей жизни, то я выполнила свою задачу.

После всего того, что было сказано в предыдущих главах, мой лучший совет вам: наслаждайтесь *этим* моментом.

Прошлое — это просто *память*, будущее — это *видение*. Оба в вашем *уме*. Что Реально - это *настоящий* момент.

Получите максимум удовольствия, что бы вы ни делали в этот момент.

Едите мороженое? Почувствуйте холодный привкус на языке. Наслаждайтесь этим!

Слушайте музыку? Закройте глаза, пойте, слушайте мелодию. Наслаждайтесь этим!

Разговариваете с другом? Слушайте, учитесь, делитесь. Наслаждайтесь этим!

Гладите своего питомца? Почувствуйте мягкость и ласку ихнего меха, посмотрите им в глаза, улыбнитесь. Наслаждайтесь этим!

А когда вы почувствуете себя потерянными, вернитесь к отдельным частям этой книги, которые вы выделили для себя.

Это новое начало вашей жизни.

Начните.

Пристегните ремни и наслаждайтесь поездкой!

> *«Ты - создатель своей собственной судьбы»*
> *- Свами Вивекананда*

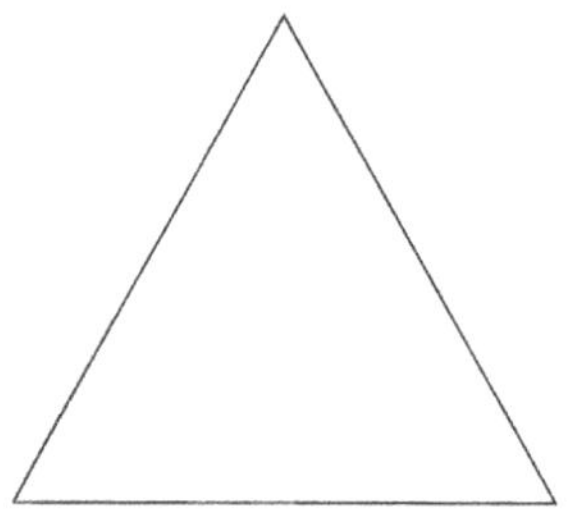

Индекс